SOLANA EN ESPAÑOL

LA GUÍA DEFINITIVA PARA INTRODUCIRTE AL MUNDO DE LAS FINANZAS DESCENTRALIZADAS, LENDING, YIELD FARMING, DAPPS Y DOMINARLO POR COMPLETO

SEBASTIAN ANDRES

WB PUBLISHING

ÍNDICE

COMO UTILIZAR ESTE LIBRO

Primero antes que nada me gustaría darte las gracias por la confianza y por haberme elegido como tu guía para emprender este viaje hacia el mundo de las Criptomonedas. Este libro te ayudara a que entiendas y domines este mundo con el objetivo de obtener una educación financiera excelente a través de la comprensión y el entendimiento a fondo del funcionamiento de las Criptomonedas. En este libro iremos de lo más básico a lo más avanzado, así que no te preocupes, mi objetivo es que al culminar este libro todas tus dudas queden resueltas.

Entendemos que incursionarse hacia el mundo de las Criptomonedas (como en este caso SOLANA) puede ser tedioso y muy lento ya que es mucha la información que debemos comprender y asimilar, generalmente los pioneros en este tipo de tecnologías son las personas que no tienen ningún problema para generar ingresos pasivos por internet ya que tienen algunos conocimientos básicos de este mundillo que los puede ayudar bastante. El objetivo de este libro es que tú también puedas acortar este camino y tener los conocimientos a tiempo para poder aprovecharlos, como bien sabes el mundo de las criptomonedas se mueve muy rápidamente y no puedes perder tiempo.

Esta tecnología llego para quedarse y para darnos a nosotros, las personas comunes y corrientes, mas libertad en el ámbito económico y financiero.

En mi caso personal, una de las cosas que más me ha llamado la atención cuando comencé a interesarme por las Criptomonedas, allá por el 2011, fue el concepto de *libertad* al que está relacionado con monedas como Bitcoin, Monero, Dash, Zcash, etc. donde el control de todo el proceso siempre va de la mano del usuario, por la privacidad que brindan. No te preocupes, estos conceptos los entenderás mas adelante durante el desarrollo del libro.

En este libro te enseñare los diferentes abordajes hacia las Criptomonedas y la tecnología detrás: comenzando por el concepto actual del dinero hasta el Blockchain, el porque funciona, cuál es el secreto detrás y también vamos a derribar algunos mitos relacionados con algunos conceptos.

El objetivo de este libro es enseñarte a tener una noción más completa y compleja sobre las Criptomonedas, desde los conceptos más básicos como el saber cómo funciona todo, el cómo encajan las piezas a lo más avanzado, también veremos como comenzar a invertir en ellas.

También me he tomado el tiempo de recomendarte algunos recursos para que puedas comenzar con el pie derecho. **Ten en cuenta que muchos de estos links son enlaces de afiliado, por lo que recibirás algunos descuentos y/o beneficios al utilizar el link recomendado, sin ningún costo alguno para ti. Por esto mismo aprovéchalo.**

Por ultimo, quiero que sepas que escribí este libro no solo informarte del mundo de las criptos sino, para motivarte también, a dar ese paso que tanto te cuesta y tomar acción, es por esto que quiero pedirte una cosa, no te rindas a lo largo de este libro, eso si, sigue bajo tu propio riesgo los consejos, te prometo que al terminar este libro y aplicar paso por paso mis consejos y enseñanzas vas a lograr comprender mejor este mundillo y de acuerdo a tu accionar personal lograr la libertad financiera o también apoyar esta iniciativa que nos da el poder a nosotros los ciudadanos frente al sistema financiero actual que está demasiado manipulado y hace rico a unos pocos.

Nuevamente, Muchas gracias por adquirir este libro, espero que lo disfrutes.

Primero, el autor Sebastian Andres no tiene ninguna relación con Solana, **esta guía no es oficial y fue realizada solo con fines educativos.** La marca y logo de Solana pertenece a sus respectivos dueños. Esta guía se acoge al **"fair use"** de temática educativa.

Este documento está dirigido a brindar información exacta y fiable sobre el tema y tema. La publicación se vende con la idea de que el editor no está obligada a rendir cuentas, oficialmente autorizados, o de lo contrario, los servicios del personal calificado. Si es necesario, asesoramiento legal o profesional, una práctica individual en la profesión debe ser ordenado.

- A partir de una declaración de principios que fue aceptada y aprobada igualmente por un Comité de la American Bar Asociación y un Comité de Editores y asociaciones.

La información proporcionada aquí se dice sea veraz y coherente, en el que cualquier responsabilidad, en términos de falta de atención o de otra forma, por cualquier uso o abuso de las políticas, procesos o instrucciones que contienen es la solitaria y de absoluta responsabilidad del lector destinatario. Bajo ninguna circunstancia de cualquier responsabilidad jurídica o la culpa se celebrará contra el editor para cualquier reparación, daños, perjuicios o pérdidas monetarias debido a la información contenida en ella, ya sea directa o indirectamente.

La información que aquí se ofrece con fines informativos exclusivamente, y es tan universal. La presentación de la información es sin contrato o cualquier tipo de garantía de fiabilidad.

Las marcas comerciales que se utilizan son sin consentimiento, y la publicación de la marca es sin permiso o respaldo por parte del dueño de la marca registrada. Todas las marcas comerciales y las marcas mencionadas en este libro son sólo para precisar los objetivos y son propiedad de los propios dueños, no afiliado con este documento.

EL MISTERIO QUE ME RODEA

Y ¿PORQUE DEBERÍAS DE ESCUCHARME?

Saludos, mi nombre es **Sebastian Andrés** , soy un emprendedor, escritor y viajero del mundo. Entusiasta de las Criptomonedas desde 2011 cuando comencé a interesarme por ese mundillo que recién surgía. Me siento extremadamente bendecido por haber nacido en esta época, y poder vivencias el crecimiento de estas tecnologías como el internet y las criptomonedas.

Durante más de 10 años me he enfocado en desarrollar varios negocios en internet, los cuales me enseñaron a desarrollar mis propias estrategias y métodos para lograr generar ingresos pasivos. Invertir en las Criptomonedas fue uno de ellos y así fue que alcance la libertad financiera a los 30 años.

El propósito de mis libros, mas específicamente de la colección "*Criptomonedas en Español*" (en los cuales llevo la información mas actual y fiable de las criptomonedas del ingles al español, si te interesa puedes buscar los otros libros de esta colección, en los cuales abordamos otras cripto) es que sean una fuente de inspiración para ti y generar un cambio en aquellos que no se conforman con lo establecido y saben que pueden dar más, que pueden generar un cambio positivo en sus vidas y llegar a diseñar ese estilo de vida que tanto quieren.

Estoy confiado que esta información te ayudara a terminar de dar ese empuje y meterte a las criptomonedas de lleno.

Para contactarte conmigo puedes enviarme un inbox a mi Facebook personal: https://www.facebook.com/profile.php?id=100069258259700

COLECCIÓN CRIPTOMONEDAS EN ESPAÑOL

Este libro forma parte de la colección *"Criptomonedas en Español"* en donde queremos trasmitirte toda la educación e información actual en base a las criptomonedas mas cotizadas y conocidas.

- El volumen 1 esta comprendido por el Libro: **Bitcoin en Español.**
- El volumen 2: **Ethereum en Español.**
- El volumen 3: **Dogecoin en Español.**
- El volumen 4: **Cardano ADA en Español**
- El volumen 5: **Solana en Español**

Donde revisamos y te damos toda la información que necesitas saber para conocer mas acerca de esta criptomoneda y su asombroso futuro en el area de las finanzas.

IMPORTANTE

ADVERTENCIA

La inversión en mercados financieros como las Criptomonedas y otros activos puede llevar a pérdidas de dinero. El propósito de este libro es solamente educativo y no representa una recomendación de inversión, para ello ya existen muchos profesionales en el area que pueden ayudarte. Procede con cautela, bajo tu propio riesgo y recuerda, nunca inviertas más de lo que estés dispuesto a perder.

Al continuar leyendo este libro aceptas esta Advertencia.

1

ENTENDIENDO EL FUNCIONAMIENTO DE SOLANA Y PORQUE ES TAN INNOVADORA

Cada día que pasa, cada segundo que la red económica online efectúa sus característicos movimientos, vemos como el dinero digital o electrónico; al que llamamos y en la actualidad conocemos como criptomonedas, la representación de un importante activo que se basa y sustenta en sistemas de cifrado criptográfico, permitiendo a sus poseedores una garantía sustentable y demostrada de legítima titularidad; gana más y más terreno en el ámbito de las negociaciones a todo nivel.

Una tendencia en un nuevo formato que cobra a cada momento valores de preponderancia y crecimiento significativos y que poco a poco se hace presente en economías familiares, juveniles y empresariales; alcanza niveles antes no imaginados y mueve al mundo de una manera que, hasta los mismos creadores de estas monedas virtuales, no habían considerado. Haciendo referencia a la cantidad de criptomonedas surgidas y a cuántas se mantienen tras su aparición en el mercado, capitalizándose y subiendo de posición tratando de llegar a los primeros lugares y moverse con toda energía entre las casi 9.000 criptomonedas existentes o las más de 4.000 contabilizadas para el mes de agosto del año 2021.

Lograr puestos de importancia como estar entre las primeras 1.000, las primeras 100 o las primeras 10, no resulta nada fácil. Solo la estructura misma de la moneda, su configuración, formato, valor, movimiento, capitalización, seguridad y confianza; serán las responsables de hacer presente, fuerte y estable a una criptomoneda, que sin importar la edad que ella tenga, sepa moverse con destreza y habilidad dentro y fuera de la red; haciéndose siempre presente.

Un caso y ejemplo importante sobre lo primero expresado en este proyecto que hoy comienzas a leer, lo representa Solana (SOL). Una criptomoneda concebida y trabajo ideado en el año 2017, lanzada al mercado de forma oficial y operativa durante el mes de marzo del año 2020 por parte de la Fundación Solana, con sede en Ginebra (Suiza), la cual, en medio de una crisis pandémica mundial, generada por el COVID-19, se posesiona ante todo pronóstico, durante el mes de octubre del año 2021, en el puesto número 6, detrás de Cardano (ADA) y lo suficientemente cerca de Ethereum (ETH) y la poderosa Bitcoin (BTC). Para las primeras horas del día 28 de octubre de 2021, Solana (SOL) ya contaba con un precio de US$195,86$ y una capitalización por más de US$58.900 millones.

El nombre dado a esta criptomoneda es Solana (SOL), haciendo referencia de su nombre al conocido pueblo costero de Solana Beach, ubicado en la zona norte de San Diego, California. Estados Unidos. Probablemente sus creadores, quienes se destacan como excelentes practicantes del surf; hicieron honor a su naciente moneda digital, bautizándose como Solana, lugar de predilección para sus momentos de relax y diversión; adrenalina, fuerza y altura sobre las olas en su predilecta costa oeste.

Gracias a su iniciativa, creatividad y conocimientos, Anatoly Yakovenko, graduado en Ciencias de la Computación, quien trabajó como ingeniero de software para Dropbox, al igual que para D2iQ, antigua Mesosphere y fue Senior Staff Engineer Manager de Qualcomm, y quien se uniera a dos de sus mejores amigos y notables colegas: Greg Fitzgerald y Stephen Akridge, concibe, crea y materializa su propia moneda cripto dándole el nombre de Solana (SOL), y para la cual fue publicado el Libro Blanco en el año 2017. Así formalizaron de esta manera y colocando a luz pública del mercado en red, un año después, en 2018; su propio prototipo de Blockchain, basado en dicho libro. Diseñado, confeccionado y estructurado conforme a los lineamientos y exigencias inherentes a la dinámica para los fines y propósitos que este proyecto amerita y merece.

El proyecto y la criptomoneda Solana (SOL), cuenta con su sede física, en continente europeo, establecida específicamente en la ciudad de Ginebra, Suiza y tiene sus basamentos tecnológicos en el mencionado Libro Blanco de su creador, Anatoly Yakovenko. En su debida oportunidad, Yakovenko declaró de manera segura y determinante, que gracias al nuevo e inédito modelo de arquitectura Blockchain soportado en el formato *"Prueba de Historia"* (Proof-Of-History - PoH), creado y presentado por Anatoly en el año 2017; habría un valioso elemento algorítmico de Blockchain que actuaría como método y proceso complementario fundamental a la muy conocida y puesta en práctica *"Prueba de Participación"* (Proof-Of-Stake - PoS). A raíz de este método de consenso se buscó dar celeridad y consolidación a los procesos, brindándoles un recurso que les permita la codificación justa y óptima utilización del tiempo propiamente dicho en la Blockchain y su constante movilidad en la red.

Yakovenko y su equipo, dedicaron temporadas importantes de análisis y estudio al funcionamiento, rendimiento, rentabilidad, movilidad, etc. Que, para finales de la segunda década del presente siglo, representaban y caracterizaban las criptomonedas más conocidas y más movidas para entonces. Ver un mercado criptográfico creciente que, ante toda adversidad económica afrontada por las diferentes naciones y grandes potencias, que, en su propia filosofía bursátil y mercantil, busca satisfacer necesidades a favor de sus comunidades, garantizando recursos conforme a las posibilidades del momento, inspira al trío a comportarse como el salmón, que contra la corriente logra alcanzar la meta.

Así, el protocolo Solana (SOL); surge como una nueva alternativa con aspiraciones a lograr maravillosos resultados y que a la prueba podemos observar y encontrar, en tan solo un año y siete meses de su lanzamiento, en el Top 10 de las monedas electrónicas más importantes del mundo, defendiendo la posición número 6; luciendo con fuerza y poder junto a las hasta hoy imbatibles Cardano ADA en el puesto número 5, Tether USDT en el puesto número 4, Binance Coin BNB en el puesto número 3, Ethereum ETH en el puesto número 2 y la poderosa Bitcoin BTC en el puesto número 1, la cual contra todo pronóstico trata de mantener firme, estable y en capacidad de hacer cuanto sea necesario por cubrir las expectativas de su comunidad.

Un aspecto que bien nos sirve de referencia con sus pros y sus contras a este y muchos otros proyectos, es justamente el caso de Ethereum ETH, criptomoneda que nació sobre la base de un conjunto de debilidades o áreas de oportunidad que el joven escritor y programador de origen ruso, nacido en 1994, Vitálik Buterin veía en Bitcoin BTC y buscaba corregir a favor de esta y que no contó con la receptividad esperada o apoyo viable.

La determinación y convicción que tenía Buterin, en que era posible verificar *"algo"* no quedó solo en una inquietud que, de haberse materializado, hubiese favorecido a Bitcoin BTC; esta se trasladó a un punto de no retorno en la decisión de, también con su experiencia como video gamer; hacerse sentir y dar un gran cambio al mundo cripto con la creación de su propia moneda: Ethereum ETH. Esta hoy en día sigue haciendo historia. Hechos como estos y muchos otros, se suman a nuestro listado de grandes proyectos y emprendimientos, capaces de transformar economías alrededor del mundo, aportando nuevas opciones de crecimiento.

Solana (SOL) fue creada con visiones, fines, planes, intenciones, objetivos y propósitos muy claros, definidos y acordes a su única personalidad como criptomoneda original y genuina con soportes lo suficientemente particulares en su haber y propiedad. Los cuales iremos conociendo progresivamente y de manera amigable y manejable, entendiendo de esta forma, no solo el funcionamiento básico estándar de Solana (SOL), sino su estructura y la mejor manera de identificarnos con ella para manejarla, no solo por la robustez que obtiene cada día, en su precio o capitalización; también por los beneficios, seguridad y garantía de respaldo seriedad y fiabilidad.

Siguiendo con detalles característicos de la manera como se abre Solana (SOL) al mercado criptográfico y su poderío operativo; mencionamos la capacidad que esta criptomoneda posee de ser una criptomoneda con la capacidad de resistir cerca de 55.000 transacciones por segundo. Estamos hablando de una Blockchain con Aplicaciones Descentralizadas (DApps), como uno de los casos más importante de la red. Como practicantes y partícipes activos del mercado cripto, o seguidores de novedosa y relevante tendencia mercantil; hemos tenido la oportunidad de ver como estas Aplicaciones Descentralizadas (DApps) han venido evolucionando y desarrollándose constantemente, generando desde juegos como los muy conocidos CryptoKitties, hasta llegar a generar o transformarse en la propia base y sustento de las Finanzas Descentralizadas (Decentralized Finance - DeFi).

Hablar de Solana (SOL) no es solo decir que se trata de una Blockchain que goza de una capacidad sorprendente y gran soporte en número de transacciones por segundo; nos estamos refiriendo a una Blockchain muy bien analizada en su creación para ser de exclusividad de las Aplicaciones Descentralizadas (DApps), buscando convertirse en una cripto alternativa a Ethereum (ETH), y ¿Por qué?, por permitir, gracias a su software; evitar congestionar la red frente a un alto número de operaciones, trámites o transacciones por segundo. Se trata pues de un aspecto con gran valor que posee Solana (SOL) y que está en total facultad de apoyar el ecosistema criptográfico.

Solana (SOL) es un proyecto o un plan cripto-económico transformador Blockchain de nueva o última generación, que está basado en un sistema de código abierto con un propósito fascinante y por demás lo suficientemente importante para la red, y es dar de manera apropiada con el impulso en el desarrollo de Aplicaciones Descentralizadas (DApps) para las próximas y venideras generaciones. Si le damos el calificativo de escalabilidad a Solana (SOL), es porque ella se encuentra en la segura búsqueda de poner a disposición del sistema su plataforma escalable con grandes garantías y claras posibilidades de descentralización. Además, debemos sumar a lo anterior; el hecho de que Solana (SOL) busca también contar con millares de nodos para así evitar el uso de hardware de gran costo que, a su vez, redunda en alto consumo en los niveles de energía.

El desarrollo de Solana (SOL), ha arrancado y dado sus primeros pasos desde cero, permitiendo de esta manera un interesante enfoque en su particular característica escalable. En el propósito de sus desarrolladores, está en el hecho de dejar entendido que al lograr una adecuada combinación de algoritmos diversos que den origen a una Blockchain, se tenga la capacidad de reducir las dificultades que suelen darse en la red por los elevados conflictos de saturación. Es aquí y con Solana (SOL), que se logra obtener una red con rendimiento de altos estándares, aún y cuando el número de transacciones sea muy alto.

¿Qué es Solana? ¿Qué tiene de especial Solana?

Solana (SOL), como ya se ha dicho; es una criptomoneda que aparece en la red como una opción financiera o recurso económico sumado a la demanda virtual del momento y actualidad que exige más y nuevas alternativas que se ajusten a sus condiciones y que, en neuro-ciencia; se parezca al mercado y a las personas. Se trata de un protocolo de código abierto, un proyecto concebido, creado y diseñado por **Anatoly Yakovenko**, con la idea e intención de facilitar y hacer cada vez más amigable la creación de las ya conocidas dApps, Aplicaciones Descentralizadas. Solana (SOL), protocolo de alta gama funcional, también se sustenta en el propio ecosistema descentralizado, libre o independiente que caracteriza a la tecnología Blockchain. Todo ello conlleva a que se puedan generar excelentes soluciones DeFi, Financieras Descentralizadas.

Gracias al acuerdo, que bajo consenso híbrido se genera mediante la red de Blockchain, hoy día Solana (SOL) se ha ganado el interés y la atención de emprendedores y comerciantes pequeños, como de grandes empresas, instituciones y organizaciones de alto espectro. A partir de este punto, es de vital importancia para la Fundación Solana y centro de atención, lograr que la actividad financiera y mercantil descentralizada, alcance una mayor accesibilidad tras una escala o nivel cada vez mayor. Así, y mediante esta dinámica; resulta viable una escalabilidad de protocolo cada vez mayor, incrementando de esta forma su uso y utilidad.

Todo proyecto lleva consigo una serie de aspectos vitales a favor de su factibilidad, y dentro de esta serie de puntos, los objetivos son fundamentales. Solana (SOL) considera como objetivo primordial, la escalabilidad y adaptabilidad de las negociaciones, a través de la introducción o inserción del consenso de *"Prueba de Historia"* (Proof-Of-History - PoH) en conjunción con la *"Prueba de Participación"* (Proof-Of-Stakes - PoS), proveniente esta de la Blockchain o Cadena de Bloques.

Es allí donde radica una cualidad muy particular y por demás, lo suficientemente especial que tiene y caracteriza a Solana (SOL), haciéndola resaltar de entre las muchas otras criptomonedas; y es llevar consigo una herramienta propia de su protocolo formativo, y es el consenso de *"Prueba de Historia"* (Proof-Of-History - PoH), creado por Yakovenko. PoH, por sus siglas, es un interesante y favorable algoritmo de provecho completo e integral que tiene la capacidad de facilitar su óptima y amigable utilización de la plataforma, ofreciendo además de seguridad; toda la confianza necesaria para sus usuarios y poseedores de esta novedosa criptomoneda.

Otro diferencial particular que hace de Solana (SOL) una criptomoneda verdaderamente especial, es el darse a conocer dentro y fuera del ecosistema criptográfico, con otra gran variante representada por sus tiempos tan rápidos, breves e inmediatos durante el proceso en sus trámites y negociaciones, los cuales son realmente cortos, gracias al ofrecimiento o bondad que brinda su Blockchain o cadena de bloques, debidamente endosada a los protocolos más precisos y oportunos; capaces de brindar respuesta inmediata ante un trámite que bien lo merece y requiere.

Es de importancia tener siempre presente y tener en cuenta qué estamos hablando y/o conociendo una criptomoneda, que a la par de sus similares; no está para nada exenta ni libre de sufrir volatilidad o impredecibilidad. Al igual que cualquier otra moneda digital, Solana (SOL) lleva consigo la cualidad de inversión susceptible a riesgos y trances económicos en cualquier momento, más aún en relación con la actividad diaria del mercado o comportamiento de otras criptomonedas que sin lugar a dudas y por conocimiento histórico, queda manifiesto en la red. Solana (SOL) es una criptomoneda prácticamente debutante, y aunque menos popular que Cardano ADA, Shiba INU o Dogecoin DOGE; se ha visto altamente beneficiada con el comportamiento de su avanzada hacia los primeros 10 puestos entre las monedas más importantes y destacadas del mercado virtual. Esto lo demuestra su valor de cotización actual, así como su posicionamiento en capitalización activa y progresiva.

Solana (SOL) es y representa para sus clientes, seguidores y todo el mercado, confianza y respaldo. Un claro ejemplo de ello lo tenemos en un fuerte fallo de conexión que se registró el pasado 14 de septiembre del año 2021, día en el que la criptomoneda permaneció por un estimado de 17 horas fuera de servicio, con sus servidores interrumpidos y operaciones suspendidas. A pesar de que en menos de 24 horas el servicio operativo de Solana (SOL) quedó totalmente restablecido; no fueron registradas ningún tipo de pérdidas de fondos en todo su espectro.

La respuesta seria y responsable dada por la organización sobre este extraño suceso fue aclarada en horas después, notificando a la comunidad afectada y en general que la causa responsable de semejante bloqueo se debió a un “ataque de denegación de servicio”. Ocurrió que cerca de las 12:00UTC, Grape Protocol, un sistema descentralizado de Redes Sociales para comunidades criptográficas, desarrollado por Solana, realizó el lanzamiento de su IDO en

Raydium, pero los bots de su sistema ocasionaron un alto número de transacciones que, por alguna razón, colapsaron la red, inundando su plataforma y dejándola inoperativa, por exceso y sobrecarga en el canal de circulación web.

Con la resolución de este acontecimiento, y más aún la garantía de fondos completamente protegidos y sin consecuencias negativas, se demostró la robustez de software y demás protocolos que actúan y se desarrollan a favor de Solana (SOL), apoyada por un equipo multidisciplinario profesional de programadores e ingenieros alrededor del mundo, quienes las siguientes 14 horas posteriores al incidente; trabajaron en conjunto para lograr dar con la solución total de actualización y reinicio pleno de la red entre un poco más de 1.000 validadores dedicados.

Solana (SOL), cobra vida gracias a un proyecto facultado y desarrollado por Solana Labs, fundado como ya sabemos, en el año 2017 por Anatoly Yakovenko, quien mantuvo la premisa de crear un novedoso sistema de verificación para las transacciones denominado *"Prueba de Historia"* (Proof-Of-History - PoH), el cual le otorga a la red la capacidad de resistencia ante millares de transacciones por segundo.

La autogestión de financiamiento necesario, solo fue posible tras el lanzamiento de una *"Oferta Inicial de Moneda"* (Initial Coin Offering - ICO), la cual logró una imponente recaudación cercana a los 26 millones de dólares americanos. Importante destacar, que ya para inicios del año 2020, y frente a una pandemia por Coronavirus COVID-19, que comenzaba a cerrar puertas, ventanas y accesos al mundo físico, se da el lanzamiento oficial de Solana (SOL) que, funcionando bajo el esquema beta; cumple y desempeña un rol de valiosa utilidad, además de reconocimiento en el mundo criptográfico.

Al igual que toda moneda digital existente, Solana (SOL), tiene su propia criptomoneda nativa identificada como SOL, la cual funciona como un token de gran utilidad. Sobre él y sus detalles, hablaremos más adelante.

Por el momento, destaquemos aquello que sigue haciendo a

Solana (SOL), diferente y especial entre las muchas y diversas criptos existentes, teniendo en consideración su crecimiento y posicionamiento entre las primeras 10 monedas más relevantes y relevantes del mundo, ocupando a la fecha el puesto número 6 con toda firmeza y la posibilidad de lograr subir tanto en puesto como en precio y capitalización.

La organización se esmera en promocionar dentro y fuera del mercado, su elemento diferenciador de mayor importancia y relevancia; vendiéndose como la criptomoneda que posee la Blockchain o Cadena de Bloques más rápida del mundo y de crecimiento veloz. Sumado a ello, el proyecto Solana (SOL), goza de un privilegio lo suficientemente exclusivo; consolidarse como la base y el piso de más de 400 proyectos para la compra y venta de Token no fungible (Non Fungible Token - NFT) y también para las Finanzas Descentralizadas (Decentralized Finance - DeFi), las dos tendencias principales y de mayor relevancia dentro del entorno criptográfico para los intercambios online alrededor del mundo.

Sin lugar a dudas, debe reconocerse que el proyecto Solana (SOL) representa una alternativa innovadora, gracias a su consenso híbrido el cual permite la reducción significativa de los tiempos en el proceso de validación, aplicable a todas y cada una de las transacciones como a la ejecución o activación de los Smart Contracts (Contratos Inteligentes).

Sus períodos cronometrados de tiempo son efectivamente rápidos, lo cual despierta un gran interés en toda la comunidad virtual como en instituciones gubernamentales, privadas, pequeñas y medianas empresas; al igual que en comerciantes, pequeños inversores y comunidad en general. Solana (SOL), viene a satisfacer una gran necesidad de efectividad en los procesos del mercado criptográfico, a favor de quienes hacen vida mercantil, financiera y de negocios a través de una moneda digital que reúna las mejores y más apropiadas características operativas factibles y efectivas.

Entre los múltiples beneficios y bondades económicas que Solana (SOL) ofrece a sus cyber-inversores, es el hecho de que no se vislumbra la aplicación de incrementos o aumentos en tarifas o impuestos por servicios. Esta importante plataforma ha sido minuciosamente concebida, de manera tal que sus costos operativos sean los más bajos posibles, en cuanto a transacción y que de igual manera esté comprometida con la garantía de una escalabilidad sostenible y confiable en el tiempo, con un procesamiento efectivamente veloz, al ritmo que la comunidad y el sistema requieren.

La experiencia ampliamente demostrada y comprobada de la cual gozan sus creadores, Greg Fitzgerald y Anatoly Yakovenko; principalmente, quienes por largo tiempo han formado parte de valiosos equipos de trabajo tecnológico en desarrollo de software y demás procesos computacionales; le han endosado de manera inmediata un nivel de alto reconocimiento a Solana (SOL), permitiéndole escalar posiciones relevantes frente a otras monedas de muchos años en la industria, tal es el caso de su ubicación en ranking de mejores monedas por CoinMarketCap, subiendo del puesto 22 en el mes de febrero del año 2021, al puesto en el mes dc octubre del mismo año. Un crecimiento que admira a sus fieles seguidores, sorprende al mercado y entusiasma a los inversores.

Ese ha sido el inicio de Solana (SOL), lleno de satisfacciones; tras momentos de trabajo arduo, comprometedor y nada sencillo, pues lograr desde una mínima expresión, puestos, referencias y tendencias de tanto valor; solo se gana con empeño, compromiso y dedicación, cumpliendo con la filosofía de concepción y creación de una nueva criptomoneda que se mantiene indetenible. Es ello lo que representa y hace especial a Solana (SOL).

¿Qué son los tokens Solana (SOL)?

Ante todo comencemos por definir y precisar que un Token es la representación unitaria que una determinada organización crea, funda o establece como elemento de valor para gobernar su propio modelo de negocios, y de esta manera otorgarle mucha más potestad a sus usuarios, pudiendo así gozar de una interacción adecuada con los efectos y recursos, toda vez que les hace más viable y práctico el tiempo que se requiere a favor de sus participantes y se les apoye en la comercialización y mercadeo con importantes beneficios en pro de todos los accionistas que hacen vida mercantil en la red.

Un "Token", término del inglés que traducido al español es "Ficha", sencillamente es en otras palabras, un simple y nuevo vocablo dentro del glosario de voces que se encuentra en la cripto-cultura mercantil, la cual representa una unidad de valor que se emite por cuenta y parte de una entidad financiera privada. Gráficamente, y para que tengamos una idea más puntual y material de lo que es un Token, veamos las fichas que son utilizados en los parques mecánicos para disfrutar las atracciones; así luce un Token.

Por ejemplo, un Token guarda especial y muy estrecha relación de similitud con Bitcoin (BTC); ya que a este se le otorga y recibe un valor que en consenso es aprobado y aceptado por su comunidad de participantes y se establece en su propia Cadena de Bloques o Blockchain. El Token puede bien, ser aún un tanto más extenso y desarrollado, más amplio. Se le puede sobrevalorar más que una moneda propiamente dicha, todo esto dado que un Token, por sencillo en valor que este sea o represente; goza de infinidad de usos, considerando que se sustentan sobre un protocolo de Blockchain.

Sobre los Tokens de Solana (SOL), se calcula que existen aproximadamente, cerca de 260 millones de Tokens formando parte en las más destacadas plataformas para intercambios, existentes en el mundo, y muy a pesar de que las valoraciones estimadas por la Fundación Solana, cuya sede principal se encuentra establecida en Suiza, guiando cuidadosamente los movimientos de esta criptomoneda; es que sean producidas y lanzadas al mercado, un promedio de 489 millones de estos Tokens.

Conforme a la dinámica, bruscos movimientos, vaivenes y sucesiones alternas que soportan las criptomonedas de mayor popularidad en sus precios y valores, por cuenta de ciertas regulaciones; hacen que otros Tokens como Solana (SOL), llamados alternativos; capten un alto nivel de atención en el mercado.

Hace algunas semanas, en China se declaró que todo tipo de transacción, negociación o trámite con monedas digitales es completamente ilegal; en este país se continúa estudiando la manera de incorporar al mercado de cripto-divisas; el yuan digital, suceso que, por ejemplo, impactó en negativo a Bitcoin (BTC); generándole una caída muy brusca y de fuerte impacto.

Para la primera semana de septiembre, más exactamente el día 5 de este mes, el Token de Solana (SOL) se triplicaba en valor durante un período de tres semanas, superando su valor de mercado en más de 41.000 millones de dólares americanos. Para ese momento Solana (SOL) alcanzó el lugar número 7, entre las diez primeras monedas más populares de la red, las más grandes del mundo. Todo esto acontecía mientras se comenzaba a considerar en un ambiente optimista, la posibilidad dada a la cadena de bloques o Blockchain de Solana (SOL), como un fuerte competidor en un tiempo tal vez no muy cercano, pero si seguro, frente a Ethereum (ETH), un vecino lo suficientemente próximo en la tabla de posiciones.

Quienes defienden y apoyan el proyecto Solana (SOL), se dedican a difundir y dar a conocer su poderosa característica de gran velocidad, así como el bajo costo en sus transacciones y operaciones en las Finanzas Descentralizadas (Decentralized Finance - DeFi) y cobrables online, Apps en las que el dominio principal pareciera estar en manos de Ethereum (ETH).

A continuación, compartimos la opinión de un experto en cripto-activos. Antoni Trenchev, quien es cofundador del reconocido Nexo Bank Crypto, y dijo: *"Solana tiene un ecosistema en crecimiento, se están construyendo proyectos sobre él y se ha beneficiado enormemente de la manera que están observando los NFT"*. Recordemos que los NFT son Tokens no fungibles (Non Fungible Token - NFT) que son manejados en la negociación o mejor conocidos intercambios de bienes de cobros virtuales.

No olvidemos que la plataforma o el proyecto Solana (SOL) es una red de "*Prueba de Participación*" (Proof-Of-Stake – PoS), que cuenta con destacada posibilidad de designar sus Tokens al validador libremente seleccionado. Estos validadores son los responsables en procesar transacciones y ejecutar la red, desarrollando esta actividad de manera óptima, eficaz, puntual y efectiva; reciben su apropiada y justa recompensa.

Es importante hacer saber qué estos validadores son seleccionados o escogidos en función o conforme a la función en la cantidad que represente su participación que el validador, posea en la red. Todo participante que posea Tokens de Solana (SOL), tiene la libertad de asignar sus Tokens a un validador específico para que este a su vez, efectúe la transferencia o complete la operación del poseedor, a través de Staking (apuestas) y de esta manera obtener más ganancias o recompensas.

En este proceso, el usuario que delegue sus Tokens, está en la obligación de pagarle al validador la comisión que corresponda, representativa del porcentaje en favor a las recompensas recibidas. Es una dinámica de saber aplicar la fórmula o expresión "Ganar-Ganar". Con esto podemos ver y comprender claramente que los Tokens son una solución diseñada, creada y planificada para permitir a sus usuarios un uso que garantice beneficios producto de una actividad comercial de intercambio.

Un Token no Fungible (Non Fungible Token - NFT), es una ficha criptográfica que cuenta con la ventaja de ser genuina, irrepetible y única. Tiene la facultad de indivisibilidad y total legitimidad. No se le puede dividir o fraccionar. Cuenta con la preeminencia de poder representar elementos del mundo físico, material tangible; cómo también objetos virtuales con sus mismos rasgos característicos.

Finalizando el mes de octubre del año 2021, los precios representativos en los Tokens de Solana (SOL), repuntaron de una manera única y contundente; al punto de alcanzar récords relevantes, principalmente en los mercados de los Estados Unidos.

El Token de Solana, y nativo de esta plataforma, ha protagonizado un gran desempeño, prácticamente durante todo el transcurso del año 2021. El Token SOL, se ha visto beneficiado por la función mimética, es decir; todo aquello que deje en evidencia un buen desempeño y cumpla con las expectativas del público, satisfaciendo necesidades y funcione apropiadamente mientras se den situaciones de tendencia alcista, será lo que en definitiva el consumidor buscará. Lo que destaque y se mantenga firme en momentos inestables, o mejor aún; adquiera más valor en momentos de turbulencia, será lo que saldrán a buscar y querrán adquirir.

Hoy por hoy y justo para cuando nos encontramos investigando y redactando estas líneas; SOL se consolida como uno de los Tokens con los más altos niveles de negociación en intercambios centralizados. Estos se han venido ejecutando y se dan más comúnmente en las muy populares y conocidas transacciones de Coinbase y Binance. El carácter evolutivo y de imponente crecimiento representados en los precios actuales que posee Solana (SOL), con tendencia alcista en su valor, igualmente le brinda un sabor de triunfo a favor de la gran mayoría de Tokens que dan la cara por miles de proyectos que se edifican en pro del sector de las Finanzas Descentralizadas (Decentralized Finance - DeFi).

Tras una breve visita a la red, consulta, lluvia de ideas o comentarios entre participantes y conocedores del mercado cripto-activo; podremos demostrar y hasta comprobar, la manera como ha ido evolucionando Solana (SOL), y la forma de escalabilidad que continúa alcanzando su Token, con presencia destacada en millares de intercambios, que le permiten ser tendencia y mantenerse, mediante grandes esfuerzos en una posición privilegiada.

Para Solana (SOL), es un honor y por demás una gran satisfacción saberse entre las más importantes monedas digitales del mundo en tan poco tiempo, después de su lanzamiento en la red. Los Tokens de Solana (SOL) representan un recurso de extensa y oportuna utilidad financiera y mercantil para negocios, comercialización, intercambios, staking y ventas. El beneficio o reconocimiento no llega por sí solo, todo ello se debe gracias al respaldo que sus desarrolladores de software y soporte tecnológico brindan constantemente a la plataforma, garantizando un funcionamiento además de efectivo; puntual, preciso y eficaz.

Seamos vigilantes del movimiento que las cripto efectúan a diario, ya que tenemos un Token que, en tan solo un año ha crecido en casi un 4.500%, competidora de alto desempeño frente a Ethereum (ETH) y la sexta moneda con mayor relevancia. La superación que Solana (SOL) le ha dado a Polkadot y a Dogecoin, llama la atención de los expertos y reconocidos conocedores criptográficos en todo el mundo. Solana (SOL) sigue en crecimiento vertiginoso como la sexta moneda en importancia por su gran valor de capitalización de mercado.

Así lo destacan los principales portales web especializados en criptomonedas como lo son Investing y CoinMarketCap, quienes para el pasado 3 de noviembre, publicaron su valor en 67.992.026,00 dólares americanos en las primeras horas de la jornada. Para sus usuarios y futuros participantes, vale la pena considerar qué Solana (SOL) se mantiene en movimientos de franco crecimiento. La moneda se sigue revalorizando mientras sigue creciendo y llegando a niveles que, en tan solo un año, superan el 4.500%.

Bien podríamos asegurar que parte del éxito que gira y se mantiene en torno a Solana (SOL), lo encontramos en sus recientes ganancias inspiradas en el entusiasmo que hay tras las iniciativas reflejadas en las Finanzas Descentralizadas (Decentralized Finance - DeFi). En lo que va del año 2021, el Token Solana (SOL) ha disparado su precio en más de un 8.870%, posicionándolo como uno de los más potentes e imponentes del mercado, en proporción.

Solana (SOL), una criptomoneda, que todas; es susceptible a alto riesgo, pero a su vez es una generadora de grandes y significativas recompensas.

2

LAS TECNOLOGÍAS CLAVE QUE DAN VIDA A SOLANA

La Prueba de Historia, un reloj criptográfico

Solana (SOL), es la moneda virtual que viaja a toda velocidad por la autopista criptográfica, que lleva seguro al encuentro con Bitcoin (BTC), si las condiciones dadas siguen favoreciendo su vertiginoso crecimiento, pero que por el momento; le hace luces a Ethereum (ETH), a quien tiene justo en todo su frente. ¿Y a qué se debe esta veloz carrera? A qué Solana (SOL) está considerada, dentro de las diversas Cadenas de Bloques o Blockchain; como una de las más rápidas y expeditas del mundo.

Ya veremos la importancia que para una transacción y para la propia Blockchain, tiene el factor tiempo, de allí el complemento de *"Reloj Criptográfico"*. Mientras, tengamos en cuenta que son muchos los aportes computacionales que a la red criptográfica se le endosan día a día, y con total seguridad habrá; y las hay. Se trata pues, de ciertas actualizaciones que podrían sentirse cómo lo suficientemente sencillas y exageradamente básicas, pero que, al ser aplicadas a la Blockchain, generan un revuelo transformador e impactante; haciéndose sentir como recurso o elemento de última generación, vital para la efectividad en sus operaciones.

Para las Cadenas de Bloques o Blockchain existentes, resulta imposible generar consenso tras el tiempo que transcurre mediante una determinada operación o transacción, esto es debido a que los nodos presentes en la red no tienen o no cuentan con la capacidad de establecer contacto con un cimiento común para consolidar la variable del tiempo. Existe un foco de dificultad representado por los nodos en cuanto a lograr conectividad, ya que no podrán contar ni confiar en una providencia igualitaria de tiempo externo o un monitoreo de tiempo que llegara vía notificación.

Ilustremos un caso en el que un usuario determinado se dirige a una transacción en particular a través del explorador de la Blockchain; además de dar con la operación, también contará con la información relacionada a la hora de esa transacción, es decir; podrá ver la hora exacta en la que fue realizada la transacción específica, el instante puntual en el que el nodo de red de dicho explorador de la Blockchain logró registrar.

Un reloj criptográfico. ¿Lo imaginas? Un reloj totalmente descentralizado con aplicabilidad a la red en toda su extensión, capaz de determinar más que la hora en la que fue realizada una transacción en particular y no precisamente desde el explorador genérico de la Blockchain. Algo así, con tales características, precisión y detalles, antes de Solana (SOL), nunca había existido. Este monitoreo, movimiento o chequeo es lo la plataforma en cuestión bautizó con el nombre de *"Prueba de Historia"* (Proof Of History - PoH), un modelo inédito de arquitectura Blockchain.

Solana (SOL) destaca por poseer una herramienta única en su

haber, inherente a su propia estructura, una maravillosa fuente de tiempo como lo es la *"Prueba de Historia"* (Proof Of History - PoH), protocolo que permite a la red en toda su extensión, una comunicación efectiva entre todos los nodos. Esta novedad es tan rápida y efectiva, que se desplaza por canales de alta velocidad dejando solo un destello de luz a su paso, dejando en la banca todo aquello con lo cual se contaba anteriormente en el mercado de cifrado previo a su aparición.

Bitcoin (BTC) es la referencia principal criptográfica en el mundo, lo cual hemos de reconocer y para nada ignorar. Sin embargo, veamos este interesante ejemplo:

El número máximo de transacciones que soporta la red digital Bitcoin (BTC) es de 7 TPS, (7 Transacciones Por Segundo)

Solana (SOL) se encuentra a un peldaño de dar con Ethereum (ETH), innovadora por el manejo de sus Smarts Contracts (Contratos Inteligentes). Ethereum (ETH), a través de su red, soporta un máximo de 15 / 16 TPS, 15 a 16 (Transacciones Por Segundo)

Solana (SOL), moneda digital de reciente creación que crece inteligentemente con audacia, hace un gran aporte al ecosistema cripto, ubicándose entre las primeras seis mejores monedas virtuales conocidas y de mayor valor en el mundo, cuenta con el prestigio de gestionar, soportar y aportar a la red un poco más de 50.000 TPS, (Transacciones Por Segundo); permitiéndose el privilegio de poder hacer competencia con grandes proveedores reconocidos centralizados como por ejemplo el gigante Amazon Web Services.

Ante tal magnitud de su estructura, esta le permite la facultad de remontar y alcanzar un rendimiento y ganancia a cada momento de más nivel. De relativa y proporcional acción, es fascinante ver y comprobar cómo y al ritmo o medida en que los ordenadores y computadoras son más veloces; mucho mayor es el rendimiento y velocidad del cual gozan potencialmente las transacciones en red.

Entre las Cadenas de Bloques Blockchain, con mayor rendimiento en toda la red, a nivel mundial, encontramos a Solana (SOL); una plataforma que cuenta con 200 nodos en su haber, estructuralmente diferentes entre sí, los cuales admiten un tanto más de 50.000

TPS, 50.000 (Transacciones Por Segundo), tras la ejecución con GPU (Graphics Processing Unit). La magnitud en los acuerdos de tiempo, resultan relevantes, grandes desafíos en todos los sistemas, pero que Solana (SOL) maneja de manera táctica y efectiva.

Para los efectos de tiempo, tenemos el caso de Bitcoin (BTC), la cual utiliza el algoritmo *"Prueba de Trabajo"* (Proof of Work - PoW), como guía o reloj de tiempo descentralizado a favor de su software operativo. Para los mismos casos, tenemos por otra parte a Solana (SOL), utilizando su innovador instrumento *"Prueba de Historia"* (Proof Of History - PoH). Gracias a PoH, Solana (SOL) tiene la capacidad de concebir su propio historial de registros capaz de demostrar con todos los detalles, el momento específico en el tiempo que un evento se produce.

Todo ello ocurre conforme a la acción que realiza el algoritmo, cuya función verificable se caracteriza por ser de muy alta frecuencia. Su función, para poder llegar a cumplir su objetivo, requiere contar con una cantidad lo suficientemente precisa de pasos y niveles secuenciales sujetos a evaluación.

En la *"Prueba de Historia"* (Proof Of History - PoH), a las operaciones o trámites sujetos a valoración o evaluación, se les asigna un único Hash, potestad computacional para procesar transacciones y que mediante o a través de recuento que puede ser verificado de forma pública, garantizando y demostrando su efectividad.

¿Qué permite un recuento? Dar con los datos y la información exacta de cuándo y en qué momento una transacción o trámite fue realizado, el instante cuando ocurrió. Algo así como un sello de marca en la escala de tiempo criptográfico. Sumado a ello, conviene saber que en el interior de cada uno de los nodos existe un reloj criptográfico encargado de acompasar el transcurso del tiempo en el interior del ecosistema cripto y de cuando ocurre o se produce cada evento, así como su orden cronológico. Todo ello le brinda a Solana (SOL) un verdadero rendimiento de alto nivel y una vigorosidad en toda la red digital.

La *"Prueba de Historia"* (Proof Of History - PoH), es en esencia un reloj previo al momento del consenso. Su algoritmo abre las puertas a crear una eficiencia de mayor impacto y una tasa mucho más productiva en cuanto a rendimiento desde el interior de la plataforma Solana (SOL). De tal manera que, al contar con un detalle de movimientos históricos de transacciones, eventos y trámites, se le otorga al sistema, la potestad de efectuar un seguimiento muchísimo más sencillo y fácil, además de organizar toda actividad de manera cronológica, conforme se hayan ido dando todos y cada uno de los movimientos realizados.

Ante la demanda de contar con plataformas que satisfagan requerimientos, peticiones y necesidades de sus usuarios, son muchas las fundaciones, organizaciones y desarrolladores que hacen ofrecimientos desde sus propias plataformas a favor del espacio criptográfico y que aún siguen en stand by, la gran mayoría de estos, por no decir la totalidad; después del lanzamiento de Ethereum (ETH), asegurando haber dado con la resolución de conflictos frente al dilema inquietante por las contradicciones existentes entre sí, que hay con la descentralización, cadena de bloques de seguridad y escalabilidad. Ante los muchos proyectos que continúan diseñando y planificando estrategias, en busca de soluciones y una salida efectiva a mediano o largo plazo; aparece Solana (SOL), cumpliendo y consolidando la red, haciendo una activación de operaciones y transacciones mucho más gratificantes.

A pesar de que la MainNet de Solana (SOL), se halla aún en modo beta; su fuerza en velocidad y rapidez, junto a las mejores tarifas por transacción, permiten que la red Solana (SOL) se convierta en la herramienta ideal y predilecta para las aplicaciones en el sector de las Finanzas Descentralizadas (Decentralized Finance - DeFi). Solana (SOL) ya toca la puerta de Ethereum (ETH), y desde su posición ve la luz que sale desde sus ventanas, con lo cual la competencia a largo plazo es inminente; pareciera que ya Ethereum (ETH) ya cuenta con un contrincante plenamente identificado.

Y es que, si nos dedicamos a realizar comparativos y vemos lo más básico de su actividad Ethereum (ETH) y Solana (SOL) en números, nos encontramos con que, por un millón de transacciones en Ethereum (ETH), se pagan 300.000,00 dólares americanos, mientras que por un millón de transacciones en Solana (SOL), se paga un promedio de 10,00 dólares americanos; es decir, 0,00001 USD por cada transacción.

Sam Bankman-Fried es el Director Ejecutivo (Chief Executive Officer - CEO) y fundador de FTX, plataforma criptográfica de intercambios, es también el creador de Serum Exchange (DEX); una de las Apps más conocidas basadas completamente en Solana (SOL). En su haber y como recurso bandera, Serum Exchange cuenta con un Libro de Órdenes, algo nada común para un DEX; tarifas llamativamente bastante bajas y ejecución de transacciones en un milisegundo.

A Serum Exchange, le sigue Raydium; otra plataforma de intercambios criptográficos también basada en Solana (SOL), la cual cuenta con una arquitectura lo suficientemente parecida a los protocolos de creación de mercados automatizados Uniswap, un protocolo en Ethereum (ETH) para intercambio de Tokens ERC-20, diseñado para ser utilizado sin cobro de tarifas por plataforma ni intercambios.

Toda transacción, trámite o evento que se suscite en la Cadena de Bloques Blockchain de Solana (SOL), automáticamente produce una función criptográfica llamada Hash. Es un algoritmo matemático que modifica un bloque de datos en un nuevo correlativo de caracteres de longitud fija. Este Hash se basa en el algoritmo cifrado SHA256.

La característica propia que tiene este algoritmo, es que se le asigna una y de igual manera una salida que resultará difícil de presagiar. Ante esto, ¿Qué hace Solana (SOL)? Toma el Hash de salida de la transacción en cuestión, el cual empleará como el recurso de entrada para el Hash que a continuación. El efecto de este proceso es el ingreso en estricto orden de transacciones hacia la salida próxima.

A través del seguimiento continuo de este protocolo, lo que se busca es crear una larga cadena sin ningún tipo de interrupciones en las transacciones seleccionadas. Gracias a ello, se logra obtener una organización verificable y lo suficientemente clara de todas las transacciones que serán añadidas posteriormente a un bloque, por parte de un validador. Por medio de este "Paso a Paso", no será para nada necesario la generación de un TimeStamp o marca de tiempo, un dato diminuto que se almacena en cada bloque a manera de único serial.

Esto es algo que sí ocurre en los casos de Bitcoin (BTC), Ethereum (ETH) y LiteCoin (LTC). Todos y cada uno de los Hash, necesitará un período de tiempo determinado para lograr ser completado. Este factor tiempo igualmente le proporcionará a todos los validadores realizar una verificación, sencilla, rápida y más fácil del tiempo transcurrido.

La *"Prueba de Historia"* (Proof Of History - PoH) de Solana (SOL), en comparación con el consenso de la *"Prueba de Trabajo"* (Proof Of Work - PoW) de Bitcoin (BTC) y Ethereum (ETH), reúne un conjunto importante de diferencias. En el caso de estas dos últimas criptomonedas, vale destacar que ellas proceden a agrupar todas sus transacciones en bloques, pero sin ningún tipo de orden o correlativo alguno.

En el caso de la *"Prueba de Trabajo"* (Proof Of Work - PoW), los mineros simplemente lo que reportan es la inclusión de una marca de tiempo o **TimeStamp**, que consiste solo en la hora y la fecha en la que ha sido generado o creado un bloque, esto; según el reloj de la Blockchain en particular. Hay un aspecto que además de relevante es delicado y muy preocupante, y es que la marca de tiempo o TimeStamp varía de acuerdo y según el nodo. Lo más alarmante es que esta información podría llegar a ser irresponsablemente inexistente o falsa. Este hecho obliga a los nodos a realizar una nueva verificación debidamente pormenorizada de la marca de tiempo y confirmar que esta sea válida y efectivamente correcta, puntual y precisa, a los fines de garantizar un cierre óptimo.

Mientras el proceso o mecanismo de organización de hashes sea realizado y efectuado en estricto orden y correlatividad, el grupo de validadores contará con un número menor de información a la cual se deba acceder para procesar y verificar en todos y cada uno de los bloques ya generados o cerrados. Es recomendable utilizar una versión con el Hash de último estado para una transacción, ya que de esta manera el tiempo dedicado a la validación, verificación y confirmación de bloques nuevos queda reducida a una expresión mínima y de mayor rendimiento.

Bien se pudiese decir que la *"Prueba de Historia"* (Proof Of History - PoH) de Solana (SOL), no es expresamente un mecanismo de consenso, sino una herramienta o recurso capaz de buscar solución con el objetivo de ahorrar y reducir los plazos de tiempo administrados y destinados a confirmar transacciones.

En realidad, la *"Prueba de Historia"* (Proof Of History - PoH) de Solana (SOL), es un elemento complementario que se suma a la *"Prueba de Participación"* (Proof Of Stake - PoS), con el objeto de minimizar la selección aleatoria que hace para escoger a los validadores de bloques. Igualmente, la *"Prueba de Historia"* (Proof Of History - PoH) de Solana (SOL), facilita a los nodos la validación del orden que han de llevar las transacciones en períodos de tiempo más breves. Esto le brindará a la red una fluidez expresa y mucha más velocidad en sus procesos, trámites y negociaciones; más velocidad y rapidez, se traducen en menos tiempo para dedicar a cada confirmación.

La *"Prueba de Historia"* (Proof Of History - PoH) de Solana (SOL), es una sucesión de cálculos que bien puede proveer una manera adecuada de verificación criptográfica en el paso del tiempo que se consume entre dos transacciones o eventos. *"Prueba de Historia"* (Proof Of History - PoH) utiliza una específica función criptográfica lo debidamente segura, para que el mecanismo de salida no pueda ser predecible a partir de su misma entrada, y la misma se debe ejecutar en su totalidad, para de esta manera generar la salida a partir de dicha entrada. La función es activada o procesada en secuencia a partir de un mismo núcleo, tomando en consideración su salida anterior como su entrada actual.

En un siguiente paso, la salida pudiese ser validada y verificada por equipos computacionales externos que en paralelo procederán a constatar cada segmento secuencial en un núcleo aparte. Los datos podrían llevar consigo, como ya hemos expresado; una marca de tiempo con información precisa, específica y puntual.

Pues bien, con la llegada de la *"Prueba de Historia"* (Proof Of History - PoH) de Solana (SOL), comienza a escribirse una nueva historia en la existencia del espectro criptográfico y a verse un antes y un después en este fascinante ecosistema. Algo así como hablar de Marte, nuestro Planeta Rojo, previamente y luego de Elon Musk.

Son ya más de 10 años, una década de vida con la que cuenta el cripto-verso, el mundo mercantil y financiero digital junto a la Cadena de Bloques Blockchain. Hablamos de un ecosistema que ha visto nacer millares de criptomonedas y de igual manera verlas desvanecerse. Todas ofrecen o aportan soluciones frente a una tendencia novedosa e innovadora, sin embargo, no se determina a ciencia cierta cuál es en efecto la mejor, la más integral o cuál de tantas cubre las expectativas del mercado, cuál posee el método de consenso más seguro, es más rápida o cuál de todas resulta ser la menos costosa. Todas las monedas digitales que aparecen, son bienvenidas, recibidas y aceptadas con expectativa.

Ellas aparecen en la red con un conjunto de excelentes y maravillosos recursos tecnológicos de gran avanzada, Apps que sorprenden y protocolos de consenso muy interesantes, entre los que tenemos a *"Prueba de Trabajo"* (Proof of Work - PoW), *"Prueba de Participación"* (Proof of Stake - PoS), "Prueba de Participación Delegada" (Delegated Proof of Stake - DPoS) y muchas otras más que conforman una larga lista de soportes a un mercado que los requiere, consolida y maneja constantemente.

Hoy día contamos con nuevo protocolo de consenso, que ha despertado gran interés y a todos gusta, se trata de un recurso bastante atrayente y que hemos venido desarrollando sutilmente. Hablamos de la *"Prueba de Historia"* (Proof Of History - PoH) de Solana (SOL), que, gracias al aprovechamiento o utilización óptima del tiempo, hace rendir los lapsos de tiempo en transacciones y mucho más.

Los méritos siempre han de ser reconocidos. Tenemos, por ejemplo, los casos de Bitcoin (BTC) y el de Ethereum (ETH), criptomonedas fuertes y sostenibles en sus respectivas posiciones dentro del ranking criptográfico, aceptadas universalmente y de alto reconocimiento por ser las precursoras en las concepciones sobre la relevancia que generado la aplicación de la tecnología Blockchain y, además, ser bandera en la constitución de los Smart Contracts (Contratos Inteligentes), respectivamente.

Bitcoin (BTC) y el de Ethereum (ETH), son muy reconocidas, a diario *"reciben rosas y aplausos"*, sin embargo, también son blanco de fuertes y grandes críticas dados los casos como la falta de escalabilidad y los altos costos que representan los procesos de validación en las transacciones en cada una de sus correspondientes cadenas de bloques Blockchain.

El mundo criptográfico, desde sus inicios, hace ya 11 años, no descansa; y se dedica en buscar y lograr conseguir la solución o dar con los recursos que le permitan encontrar la resolución a los conflictos que, aunque manejables, merecen especial atención. Seguros están todos los desarrolladores del mundo que lo primordial es superar las dificultades que generan los altos costos y la escalabilidad, evitando a toda costa sacrificar o perjudicar la descentralización y la seguridad de las plataformas.

Entre las más recientes adquisiciones que tiene la red está la *"Prueba de Historia"* (Proof Of History - PoH), creada por Solana (SOL). Recordemos pues, que se trata de un algoritmo de consenso Blockchain que complementa el método de *"Prueba de Participación"* (Proof of Stake - PoS), y que tiene como premisa dar celeridad al proceso de consenso, proveyendo un canal que le permita realizar codificaciones del tiempo en sí mismo dentro de la cadena de bloques; permitiendo a los nodos de la red la verificación criptográfica en el momento preciso y en un orden adecuado de cómo se van dando y desarrollando las transacciones o eventos, sin eclipsar en lo absoluto la confianza y el respeto que de igual forma los nodos tiene por las marcas de tiempo TimeStamps.

Son muchos los beneficios, la tranquilidad y la confianza que produce a todos los validadores y partícipes del ecosistema cripto la implementación de este maravilloso proceso de consenso PoH en torno a toda la red criptográfica. Un aspecto que merece reconocerse, es el hecho de que los validadores ya no se ven obligados o en la necesidad de tener que comunicarse entre ellos para estar al tanto o saber qué acontecimiento se ha suscitado en la red y en cuál círculo de tiempo o momento que bien podría ser incierto. La *"Prueba de Historia"* (Proof Of History - PoH), garantiza la veracidad de dicho momento, además de evitar la consecución de conflictos producidos en el proceso *"Prueba de Trabajo"* (Proof of Work - PoW).

El objetivo primario y claro que tiene la "Prueba de Historia" (Proof Of History - PoH), creada por Solana (SOL), procedimiento de ratificación que deja en claro un evento específico en un determinado espacio de tiempo, que a su vez es un recurso innovador cuyo florecimiento subyace a la tecnología misma de Solana (SOL), está dedicada a cumplir con el objetivo de *"aligerar la carga de nodos de la red"* dentro de los bloques de procesamiento, al instante de suministrar un medio de codificación del tiempo desde y dentro de la Blockchain o Cadena de Bloques de Solana (SOL).

Por lo general, en el ambiente cotidiano de una Blockchain como por ejemplo la de Bitcoin (BTC) y Ethereum (ETH), el proceso o transcurrir del tiempo se fundamenta en una producción secuencial y en una contigua organización y orden de bloques, este proceso tiende a ralentizar en exceso los procesos varios de verificación y validación entre otros; en especial la espera a que toda la red confirme una misma transacción y a continuación; esta misma proceda a añadir la cadena de bloques correspondiente.

Sobre su propio protocolo de consenso, *"Prueba de Historia"* (Proof Of History - PoH), el equipo de Solana (SOL), en una oportunidad expresó, y citamos:

> *"En Solana, creemos que Proof of History - PoH, proporciona la solución sobre la dificultad que es el consenso sobre el tiempo en los sistemas distribuidos. Y hemos creado nuestra propia Blockchain alrededor de esta solución. Algunos argumentan que la característica más esencial del algoritmo de Proof of Work - PoW de Bitcoin es funcionar como un reloj descentralizado para los nodos que arman la Blockchain".*

Con esta declaración, Solana (SOL) considera ser la Blockchain que ha generado el recurso capaz de proporcionar la solución a los grandes conflictos; especialmente los movimientos tan lentos que afectan de sobre manera el tiempo en los sistemas distribuidos diligenciados en la verificación y validación de eventos en la red. Sin embargo, el equipo de Solana (SOL) admite que son muchos los usuarios que consideran al protocolo *"Prueba de Trabajo"* (Proof of Work - PoW), como el sistema que cuenta con el reloj descentralizado a través del cual la Blockchain recibe los nodos ya armados y organizados de forma cronológica.

Entre tanto otras Blockchains se ven obligadas a que sus validadores mantenga comunicación constante, y de esta manera recabar la información sobre qué sucede en la red en el mejor tiempo aproximado; desde Solana (SOL). Un reloj criptográfico propio codifica el transcurso del tiempo mediante una sencilla función identificada como Secuencial Hashing Verifiable Delay Function (VDF) o SAH-256.

La *"Prueba de Historia"* (Proof Of History - PoH), perteneciente a la Blockchain Solana (SOL), es un recurso que se utiliza para aligerar la carga de los nodos de red en el procesamiento de bloques al ofrecer un método de codificación del tiempo en la cadena de bloques Blockchain. Cuando nos referimos a una cadena de bloques regular, el hecho de llegar a un consenso sobre el tiempo dedicado a extraer un bloque es esencial, al igual que llegar a un consenso sobre la existencia de las transacciones en ese bloque particular.

Por lo tanto, la marca de tiempo TimeStamps es importante, ya que le permite a la red saber que las transacciones se llevaron a cabo en una secuencia particular. Básicamente, la *"Prueba de Historia"* (Proof Of History - PoH) de Solana (SOL), permite crear un registro histórico que muestra que un evento tuvo lugar en un momento determinado.

Y entonces, ¿Cómo funciona la prueba de historial?

En el caso de la *"Prueba de Trabajo"* (Proof of Work - PoW), el minero de bloques exitoso se convierte en el primero en encontrar el nodo correcto (NAANS), abreviatura de número usado solo una vez, que representa un número entero usado como entrada para la función de cálculo de la tasa de Hash del bloque actual, que necesita una cantidad particular de potencia informática para funcionar. Pero la *"Prueba de Historia"* (Proof Of History - PoH) se basa en un nuevo concepto criptográfico, conocido como Verifiable Delay Function (VDF).

Es posible resolver un Verifiable Delay Function (VDF) con un solo núcleo de CPU utilizando un conjunto exacto de pasos secuenciales: **suh, kwen y shl.** Dado que no se permite el procesamiento en paralelo, resulta fácil determinar exactamente cuánto tiempo se tardó en aplicar esos pasos. Así, el paso del tiempo es definitivamente claro.

Dado que la *"Prueba de Historia"* (Proof Of History - PoH) básicamente resuelve el desafío del tiempo, el peso de procesamiento de la cadena de bloques Blockchain, ha cambiado, haciéndola más rápida y liviana. Solana (SOL) es la cadena de bloques que hizo popular esta forma de trabajar. Solana (SOL) también usa la *"Prueba de Historia"* (Proof Of History - PoH) y un protocolo de seguridad conocido como Tower Byzantine Fault Tolerance.

Este permite que los participantes apuesten tokens y de esta peculiar manera puedan votar sobre la validez de un Hash de la *"Prueba de Historia"* (Proof Of History - PoH). Si un mal actor vota por una bifurcación que no coincide con los registros de la *"Prueba de Historia"* (Proof Of History - PoH), será penalizado. Solana (SOL) también se basa en la *"Prueba de Participación"* (Proof of Stake - PoS) para de esta manera establecer quién puede ser un validador de bloque.

Ahora bien, cabe que nos preguntemos **¿Qué tan rápido sucede todo?** Dado que no hay ninguna dependencia de los relojes criptográficos de las computadoras locales o los tiempos de espera locales entre las transiciones de estado más allá de la función de retardo verificable, el Verifiable Delay Function (VDF), se asegurará de que cada productor de bloques pueda demostrar que ha aguardó la cantidad de tiempo necesaria para que la red pueda avanzar.

El siguiente productor necesita generar localmente una parte del Verifiable Delay Function (VDF) hasta la ranura programada. Esto significa que tan pronto cómo se reciben los nodos, la transición de estado puede comenzar justo cuando se recibe el mensaje. Esto se debe a que ahora existe una prueba criptográfica y de que el productor siguió los retrasos del protocolo. Por el contrario, mientras Solana (SOL) confirma 25 bloques propuestos por 25 validadores diferentes, otras redes sólo pudieron confirmar 1.

En muchas ocasiones hay retrasos. El mensaje puede llegar desordenado mientras que el costo de los retrasos de la red se acomoda lentamente después de la entrega de muchos paquetes. Tan pronto como se reconstruye la *"Prueba de Historia"* (Proof Of History - PoH), toda la estructura de datos se asegura de que los retrasos apropiados que se encuentran entre todos los productores de bloques sean correctos.

Esto se traduce en que la red nunca se retrasa, e incluso con las variaciones causadas por los productores de bloques, puede seguir produciendo a velocidades ultrarrápidas. Por tanto, la *"Prueba de Historia"* (Proof Of History - PoH), es el mecanismo que permite velocidades de red nunca antes vistas en la tecnología Blockchain. A todas estas, *"Prueba de Historia"* (Proof Of History - PoH) permite a los usuarios crear un registro histórico que funciona como prueba de que un evento ocurrió en un momento determinado en el tiempo específico, haciendo que la red sea más segura, rápida y liviana.

El universo Blockchain no deja de crecer, algunas cadenas de bloques se van desmarcando de las primeras generaciones y también están superando las limitaciones de escalabilidad de velocidad de las transacciones y de tiempos de confirmación. Una de estas Blockchain de nueva generación es Solana (SOL), una cripto centrada en la rapidez de sus transacciones seguras y resistentes a la censura.

Solana (SOL) es una Cadena de Bloques Blockchain que presume de un novedoso método de verificación de transacciones para cambiar el mercado de criptomonedas. Solana (SOL) es una plataforma de tercera generación que utiliza la *"Prueba de Participación"* (Proof of Stake - PoS) como protocolo de consenso, sin embargo, ha añadido una forma única para determinar el tiempo de una transacción llamada *"Prueba de Historia"* (Proof Of History - PoH). Bitcoin (BTC) por ejemplo.

Esta agrupa; como ya lo hemos dicho, sus transacciones en bloques con una única marca de tiempo, en la cual cada nodo tiene que validar estos bloques en consenso con otros nodos un proceso que conlleva un tiempo de espera considerable hasta que todos los nodos confirman un bloque en toda la red criptográfica. En cambio, las transacciones de Solana (SOL) se codifican y toman el resultado de una transacción y lo emplean como entrada para el siguiente Hash incorporando el orden de las transacciones dentro del resultado del Hash.

El proceso antes descrito, crea una cadena larga e ininterrumpida de transacciones con un Hash de modo que permite establecer un orden claro y verificable de las transacciones que un validador añade a un bloque sin necesidad de una marca de tiempo convencional. *"Prueba de Historia"* (Proof Of History - PoH), no es en sí mismo un mecanismo de consenso, sino que se trata de una mejora de *"Prueba de Participación"* (Proof of Stake - PoS), que optimiza el tiempo de confirmación del orden de las transacciones.

Las confirmaciones en Solana (SOL), se definen por el tiempo que transcurre desde que el llamado nodo líder aleatorio marca el tiempo de una nueva entrada hasta el momento en que reconoce una mayoría de votos en el registro en Solana (SOL) dentro del tiempo que se tarda en enviar mensajes a todos los nodos que es proporcional al cuadrado del número de nodos y esto permite mantener un registro histórico que acelera su velocidad debido a estas características técnicas.

Solana (SOL) tiene la capacidad de, en tiempos de bloques de aproximadamente 400 milisegundos, una gran ventaja respecto a los 10 minutos que tarda una operación en Bitcoin (BTC).

Al tratarse de una plataforma con un mecanismo de consenso *"Prueba de Participación"* (Proof of Stake - PoS), los titulares del Token nativo sólo pueden apostar parte de esos Tokens con validadores que procesan las transacciones de la red. El validador que complete una transacción puede compartir parte de su recompensa con el titular que le ha aportado esos Tokens, este mecanismo de recompensa incentiva a los validadores y delegados a actuar siempre en interés de la red además como sucede con otras criptomonedas, los Tokens sólo sirven para pagar las tasas de transacción de la red y algunos de ellos son quemados por la propia red como parte de su modelo de deflación.

Solana (SOL) permite a los desarrolladores construir contratos inteligentes (Smart Contracts) y crear proyectos basados en la tecnología. Mucho del potencial de velocidad y de crecimiento de esta Blockchain ha impulsado el despliegue de aplicaciones descentralizadas.

¿Por qué es tan importante la Prueba de Historia en Solana?

Solana (SOL), debuta en la red criptográfica oficialmente en el mes de marzo del año 2020, y de forma vertiginosa comienza un ascenso indetenible hasta que se encuentra en la ruta hacia la cúspide con una gran pared amurallada custodiada por los guerreros más poderosos del cripto-verso, dispuestos a jugarse el todo por el todo para no dejarse atropellar, pero entregados a pelear para también alcanzar la cima, esa que se encuentra bajo el poderío y control de Bitcoin (BTC), la moneda más grande y valioso del mundo.

Entre una y otras palabras, decíamos en fragmentos anteriores en este mismo capítulo y en el anterior, que cada moneda virtual llega a la red con algún recurso o elemento diferenciador; un aspecto que le permita aportar facilidades o soluciones a ciertos conflictos que quizás algunas hayan ofrecido y aún la comunidad aguarde por verlas en acción.

Se trata de un ecosistema de *"especies económicas"* muy especiales y lo suficientemente variadas que nutren a la red constantemente y a cada momento, una red que fluctúa en precios y capitalización según la dinámica de cada cripto, donde una moneda pueda cambiar de posición en ranking en cuestión de minutos.

Un caso ejemplar de lo expresado anteriormente, lo tenemos en Solana (SOL) que, a inicios de la primera semana del mes de noviembre del año 2021 se ubicaba como la sexta moneda más poderosa de la red, y en tan solo tres días ¡ha subido al peldaño número cuatro!, con un precio de 242,09 dólares americanos y una capitalización de mercado superior a los 72.800.000.000,00 dólares americanos, teniendo delante de ella a Binance Coin (BNB) en tercer lugar con un precio de 555,09 dólares americanos y una capitalización de mercado por 92.740.189.954,00 dólares americanos, Ethereum (ETH) en segundo lugar con un precio de 4.536,63 dólares americanos y una capitalización de mercado por 536.243.967.134,00 dólares americanos y Bitcoin (BTC) en primer lugar con un precio sostenible de 61.876,08 dólares americanos y una poderosa capitalización de mercado por 1.167.198.931.580,00 dólares americanos.

Sin lugar a dudas que la red criptográfica y el fascinante mundo de las finanzas virtuales no nos deja de sorprender. Mientras tanto, en Categorías Solana (SOL) sube en 3,86%, Cardano (ADA) baja en 4,36%, junto a Tether con una leve caída de 0,01%; pero estas últimas tres, subiendo su porcentaje en Finanzas Descentralizadas (Decentralized Finance - DeFi), como sigue: (SOL) 22,58%, (ADA) 0,63% y (USDT) 0,03%

¿Será posible interpretar está interesante subida de Solana (SOL), gracias a sus protocolos de consenso en especial todo cuanto tiene que ver con la "Prueba de Historia" (Proof Of History - PoH)?

Expreso aquí un cuestionamiento muy extenso, no obstante que por fortuna, no pinta para nada descabellado, pues el gran aporte que brinda Solana (SOL), cada día fortalece más y más el proceso de validaciones y verificaciones de eventos que repercuten en y mayor confianza en el sistema, otorgando beneficios adicionales a una moneda digital que, en el más modesto programa de desarrolladores; trabaja por una plataforma más rápida, segura y confiable; que a pesar de la vulnerabilidad a la que podría estar expuesta, activa los procesos de mantenimiento y mecanismos de protección para sí misma, sus participantes, usuarios y futuros clientes.

No basta con ser la Blockchain más rápida y de mayor fluidez de la red, cuenta de sobremanera, endosar a la red un recurso operativo y un mecanismo o protocolo de consenso que va a beneficiar el sistema; allí la gran importancia que posee la "Prueba de Historia" (Proof Of History - PoH), creada por Solana (SOL) y permite una amplitud de beneficios virtuales y materiales, desde la red hasta la recompensa y satisfacción de los validadores.

El tiempo es implacable, las agujas, o dígitos del reloj no se detienen; para él no existe, no se sabe, ni conoce de marcha atrás o *"tras una breve pausa"*; no hay absolutamente nada que ocultar al reloj, ni nada que lo detenga. Cuando de tiempo se trata, allí está o aparece el reloj, el experto en manejar y controlar el tiempo, quizás lo único que hace; pero mejor que ninguno. Con ello y contra todo ello, resulta imposible que la red criptográfica pueda batallar, está sujeta a él. Es entonces cuando un destacado personaje, creador de Solana (SOL), diseña, planifica y desarrolla un sistema único y que promete consolidar el aspecto abstracto del factor tiempo y su veracidad a favor de las plataformas criptográficas.

"Prueba de Historia" (Proof Of History - PoH) es además de rapidez, efectividad y confiabilidad; uso correcto y veraz del tiempo. Es identificar con precisión y detalles exactos, el momento puntual en él que se da u ocurre un evento o transacción digital. Es la confianza para garantizar que no hay manera de aportar una información, identificación, dato o referencia errónea que desvirtúe el correcto proceder de un validador. La *"Prueba de Historia"* (Proof Of History - PoH) es un recurso o apropiadamente dicho, el protocolo de consenso evitará que, en una comunicación bilateral entre validadores, sea alterada.

Recordemos pues que, antes de PoH otros protocolos habrían de ser el medio a través del cual se somete cualquier validación de transacciones, que en múltiples ocasiones era o es emitida con alteraciones, casos de data falsa han sido detectados, dada la necesidad de establecer contacto de un validador a otro, para estar al tanto y conocer qué ha sucedido en cierto momento con ciertas y determinadas operaciones en el ecosistema cripto.

La comunicación efectiva y como ya lo hemos formulado, el uso óptimo del tiempo dentro de todo contexto; marcarán grandes diferencias en la justa medida que todos y cada uno de sus participantes, dentro de la dinámica criptográfica, caso puntual y específico que nos ocupa, gocen de valoración y respeto.

Tal vez y en cierto momento, tras una taza de café o frente a un ordenador; Anatoly Yakovenko, creador y fundador de Solana (SOL), vio la necesidad de honestidad, valor y respeto a favor de quienes confían sus recursos económicos y depositan sus sueños en una moneda digital, seguramente y en especial a quienes dan apoyo a su moneda Solana (SOL), un público y clientes que han permitido, incluso llevarla hoy al cuarto lugar del ranking como una de las monedas virtuales más importantes del mundo, y que bien podemos comprobar según el Time Line de publicaciones en el portal CoinMarketCap.

La *"Prueba de Historia"* (Proof Of History - PoH) de Solana (SOL) es considerada como un gran avance para el factor tiempo que significa mucho para el bloque. Además de ello, Solana (SOL) está estimada como la cadena de bloques principal y número uno en la escala web alrededor del mundo. Con todo ello y estas distinguidas valoraciones, bien podríamos decir que esta moneda aún debutante, cuenta con toda la arquitectura tecnológica necesaria para estar a la par con la capacidad transaccional que posee el internet de la actualidad.

La principal innovación oculta, activa en segundo plano y que subyace en la red Solana (SOL), es precisamente la *"Prueba de Historia"* (Proof Of History - PoH). Y es que el nombre de este protocolo dé consenso, es puntual y justamente lo que la plataforma sugiere. Un correlativo cronológico, un reporte pormenorizado y debidamente identificado, con un debido orden de todos y cada uno de los movimientos históricos que se ejecutan y tramitan dentro de la red criptográfica, en sus diarias, frecuentes y continuas operaciones y transacciones. Se trata de detallar los acontecimientos dados milisegundo a milisegundo.

El uso de este protocolo da origen a un registro que demuestra y da evidencia de cuándo ocurrió el evento en específico. Un procedimiento apoyado por un mecanismo computacional confiable. En este plano, no se requiere de comunicación externa y con participación de terceros que necesiten hacer consultas sobre lo sucedido y qué tal vez puedan suministrar un dato erróneo. Tan solo leerlo e imaginarlo, ya se siente que transcurre una cantidad de tiempo considerable. Con la *"Prueba de Historia"* (Proof Of History - PoH), la emisión de la información es mediante inteligencia digital inmediata, prácticamente a la par de la realización de la transacción.

Un dato muy interesante a considerar, y que debe producir o generar un importante nivel de confianza en la comunidad, es que cada validador de Solana (SOL) mantiene activo su propio reloj criptográfico, codificado con el correr del tiempo mediante una sencilla función de retardo variable secuencial VDF SHA-256, Sequencial Hashing Verifiable Delay Function (VDF) SAH-256. Un plus diferencial de alta gama que no guarda relación alguna con los fundamentos estandarizados actuales, sedimentados en la producción secuencial de bloques, que se verán afectados, sin ninguna duda; por los tediosos lapsos de espera de confirmación en la totalidad de la red, lo cual impide avanzar con el paso inmediatamente seguido.

"Prueba de Historia" (Proof Of History - PoH), simboliza para el ecosistema digital financiero, el avance primordial hacia la arquitectura cripto a favor de las plataformas en lo que a rapidez y cabida se refiere. Es dignificar la labor que cumple principalmente Solana (SOL), junto al apoyo y soporte a las plataformas cripto.

El funcionamiento de la *"Prueba de Historia"* (Proof Of History - PoH), se redacta de manera sencilla, pero es de considerar que proviene de un proceso arduo de mecanismos exigentes y complejos por parte de sus desarrolladores y su mismo fundador Yakovenko.

Imaginemos que vamos en modo Slow Cam, para entrar en el Tic-Tac del reloj criptográfico de Solana (SOL). La infraestructura de data, entrelaza los mensajes, allí se produce una prueba criptográfica en orden relativo, junto al tiempo dado en cada mensaje dentro del registro histórico. Así, todos los relojes locales pasan a un plano oculto y fuera del rango o alcance de la red en PoH; de esta manera y en forma gradual automática se ajustan gradualmente los tiempos al unísono y nivelando aquellos probables retrasos que pudiera haber sufrido la red en la medida que se enlace y se ensamble nuevamente.

Esta es la razón por la cual Solana (SOL) tiene toda la capacidad de sobrepasar las fronteras del tiempo en los eventos de confirmación, permitiendo que la red ofrezca una vivencia positiva y alentadora, tal cual un sistema centralizado sin tener que poner en el paredón la descentralización o la seguridad.

Como podemos apreciar, la *"Prueba de Historia"* (Proof Of History - PoH), otorga a la red un afluente de integridad, dando autorización a los validadores de la red para que puedan hacer sus revisiones y cálculos desde el propio Libro Mayor, tan es así; que un validador tiene la plena potestad de determinar si un nodo se puede considerar activo (válido) o inactivo (inválido), como también la confirmación de que la red haya expuesto un número necesario de votos para que de esta manera el libro pueda ser considerado válido o activo.

No se precisa ni se requiere que un validador reciba los mensajes emitidos en el momento exacto, para ello, el Libro Mayor se asignará de forma programada y eventual a cada validador, y como en consecuencia la emisión e inscripción de mensajes forma parte del de alimentación del Libro Mayor, la *"Prueba de Historia"* (Proof Of History - PoH) provee la seguridad y atención criptográficas sobre la creación justa y confiable de cada mensaje.

Esta interesante característica facilita la optimización de la red, mediante una serie variada de parámetros, muy especialmente en lo que a tiempo de bloqueo o Block Time se refiere, un componente puntual en los fundamentos básicos en cuanto a eficiencia y a velocidad. Aparte del Block Time, la *"Prueba de Historia"* (Proof Of History - PoH) le admite a Solana (SOL), la optimización sobre la expansión de bloques (log200 (n)), almacenamiento contable (PetaBytes) dispuesto en red y el rendimiento (50k-80k TPS).

La duración o transcurrir del tiempo dentro del esquema criptográfico para un bloque, más allá de representar un número neto de transacciones por segundo, se corresponde a una unidad cuantificable que cumple la función de dividir los sistemas centralizados de las Blockchains descentralizadas. Veamos en números y jugando con nuestra imaginación, algunos ejemplos de relojes criptográficos, comparados con la "Prueba de Historia" (Proof Of History - PoH) de Solana (SOL):

- **Tendermint:** Ventana de lapsos de espera por 3 segundos.
- **Algorand:** Ventana de lapsos de espera por 5 segundos.
- **Libra:** Ventana de lapsos de espera por 10 segundos aproximadamente.

El TestNet de Solana (SOL) que se encuentra sedimentado en prácticamente toda la red, cuenta con una ventana de lapsos de espera de 400 milisegundos para un tiempo de bloques sorprendentemente veloz, Se trata de un verdadero líder diseñado para 4 bloques consecutivos.

Mientras Libra logra la confirmación de un bloque, Solana (SOL) logra confirmar 25 bloques designados a 25 validadores distintos. En el caso de Visa, para la confirmación de un evento punto a punto, son necesarios 2,4 segundos para una confirmación. Frente a toda la red, solo Solana (SOL) logra la mayor rapidez. Bitcoin (BTC), Ethereum (ETH), ni Libra logran una respuesta de confirmación que compita haga competencia o frente la *"Prueba de Historia"* (Proof Of History - PoH).

Por el momento solo hay dos maneras para que los sistemas distribuidos clásicos, atiendan los relojes criptográficos. Cada uno de los mensajes emitidos en la validación, lleva consigo un sello o marca de tiempo TimeStamp que proviene del remitente, esta marca de tiempo, llega firmada como garantía de su verificación.

Ante este proceso, los nodos proceden a despachar todos aquellos de larga data. Este trámite de cómputo está fundamentado en la diferenciación existente entre la TimeStamp o marca de tiempo y el tradicional reloj local. A continuación, el próximo objetivo consiste en que las transacciones bajo su propia condición individual cuentan con su lapso de tiempos de espera local previo a su caducidad.

Tendermint tiene la característica de poseer lo que se conoce como estado de pre-compromiso, el cual representa un tiempo de espera representado por un segundo. Quien prosigue en la generación del bloque tiene la posibilidad de aplazar o retardar el bloque siguiente, tomando en consideración que todos los nodos de la red se verán obligados a permanecer en stand by también por un segundo, desde el mismo momento que da inicio el evento o transacción de estado, que antecede a la validación para entonces proceder a considerar la proposición siguiente.

En ninguno de los casos presentados es posible dar fe a los relojes locales de un postulante, ya que cada nodo toma sus previsiones generando un retardo que impide los avances en los servidores de estado de consenso, garantizando de esta manera que el postulante actúe de la mejor y más transparente manera posible. A pesar de que los retrasos producidos son necesarios para la seguridad y garantía de la red, estos se interpretan como o interpretan como tiempos de bloqueos tardíos.

El protocolo de consenso de Satoshi Nakamoto, creador y fundador de Bitcoin (BTC), incorporó a la red una forma muy distinta de enfrentar o interactuar con los relojes criptográficos. En Bitcoin (BTC) existe un "ajuste de dificultad" que dé alguna u otra manera le impone a la red, la obligación de crear al menos un bloqueo programado cada 10 minutos en forma regular. Para Ethereum (ETH) se considera que la complejidad debe estar sujeta a producir al menos un Block Time cada 15 segundos.

Lo que diferencia a Bitcoin (BTC) de Ethereum (ETH), bien puede ser calculado en cantidad de colisiones. Mientras más breve sea el lapso de bloqueo o Block Time es mucha más alta la posibilidad que un par de nodos logren generar un mismo bloque en el mismo y preciso momento, y los 15 segundos de bloqueo, posiblemente representarían el tiempo máximo inferior de velocidad con la cual una cadena cualquiera del peculiar estilo Nakamoto fuese capaz de generar en nuevo bloque.

La plataforma Solana (SOL) se ha dedicado y esmerado en los más recientes momentos a unir esfuerzos con el objetivo de incorporar en la red, un nuevo enfoque o un nuevo rumbo que resulte en una plataforma globalizada que jamás sufra retrasos o tardanzas. El protocolo de consenso de Solana (SOL) no se encuentra atado ni dependiente de relojes locales o de ordenador, tampoco de los lapsos en tiempos de espera locales de transacciones de estado, tan solo; un tanto endosado a la función de estado verificable, Sequential Hashing Verifiable Delay Function (VDF).

Sin embargo, el VDF da por descontado que cada uno de los productores de bloque confirme haber permanecido en espera por cierto período de tiempo y evidenciar que la red se encuentra en perfecto estado de avanzada. Por otra parte, para Tendermint, a quien le corresponda la producción de los siguientes bloques, debe cumplir con la responsabilidad de generar en su mismo entorno, una parte de la Sequential Hashing Verifiable Delay Function (VDF).

Todo esto quiere decir que los nodos con la responsabilidad de recibir, está en la capacidad de dar inicio a la *"transacción de estado"*, una vez que el mensaje sea recibido, ya que en él hay una confirmación criptográfica certificando que el productor cumplió los protocolos y acató las indicaciones acatando los retrasos acaecidos. Por alguna u otra razón, los mensajes pudieran recibirse a destiempo y en desconexión, tras un valor ajustado conforme a la tardanza de la red, la cual haría nivelaciones regulares. Al quedar restituida la *"Prueba de Historia"* (Proof Of History - PoH), la totalidad de la infraestructura cripto de datos, daría por aprobado que los tiempos de bloqueo y retrasos que afecten al grupo de validadores y afines es el correcto

Lo verdaderamente significativo que se espera de esta funcionalidad es el simple hecho de garantizar que la red nunca se retrase y que se le garantice la posibilidad de dar continuidad a su productividad, con el ritmo y velocidades a toda marcha, muy por encima de las alteraciones que pudiesen ser generadas por los productores mismos de bloques. La *"Prueba de Historia"* (Proof Of History - PoH), se le considera como recurso imponente y maravilloso mecanismo, capaz de liberar velocidades que, por el momento ninguna otra criptomoneda puede ofrecer.

Solana (SOL) es un proyecto bastante complejo, tanto; que incluso muchos expertos en el tema tienen dificultades para lograr entender su funcionamiento.

Sobre el tema de Proof of History - PoH o *"Prueba de Historia"*, traducido literalmente al español. Solana (SOL) es una Blockchain de *"Prueba de Participación"* (Proof Of Stake - PoS), es decir que tiene validadores que se encargan de verificar las transacciones, compensadas con recompensas que son pagadas en su moneda nativa llamada (SOL). Su valor de pago a validadores es de 73% y ligeramente inferior para los delegados, esto al momento de redactar este artículo.

Recuerda, Solana (SOL) es una cadena de bloques de *"Prueba de Participación"* (Proof Of Stake - PoS) y su tecnología de "Prueba de Historia" (Proof Of History - PoH) es simplemente uno de sus muchos componentes. Gracias a su sello temporal o TimeStamp, los nodos validadores de la red pueden organizar los registros de transacciones sin tener que esperar primero a que otros nodos validadores comprueben sus registros. Un sello temporal TimeStamp, añade un nivel de seguridad adicional y permite una validación mucho más rápida, gracias a ello solana puede procesar entre 50.000 y 65.000 transacciones por segundo algo que la convierte en una de las cadenas de bloques de primera capa más rápidas que existen en la actualidad.

Según Anatoly Yakovenko, su creador el número de transacciones por segundo sería muchísimo más alto; de hasta 700 mil transacciones por segundo, de no ser por las limitaciones del hardware; así que a medida que haya mejores componentes en el mercado, Solana (SOL) se beneficiaría de ello. Ahora lo que hace que el número de transacciones por segundo de Solana (SOL) sea tan impresionante es que también aplica a sus contratos inteligentes Smarts Contracts.

Por lo general, el número de transacciones por segundo de otros competidores, haciendo solo referencia a transacciones básicas como el envío de tokens y no a aplicaciones complejas como el uso de contratos inteligentes. Esto pone a Solana (SOL) en el top de cadenas de bloques de contratos inteligentes más rápidas de todo el mundo. Hay quienes aseguran incluso que es la cadena más rápida de todas y esto representa muy buenas noticias para los desarrolladores de aplicaciones descentralizadas.

Hasta el momento la mayoría de proyectos ha venido utilizando la cadena de bloques de ingenio, muchísimos proyectos de finanzas descentralizadas y muchos Tokens dependen enteramente de Solana (SOL), una plataforma que busca ofrecer una alternativa más rápida y más barata. Todo ello, teniendo en cuenta qué Solana (SOL) es una Blockchain de "Prueba de Participación (Proof Of Stake - PoS). Para Solana (SOL), los nodos validadores son responsables de verificar las transacciones y de generar nuevos bloques.

Prácticamente cualquier persona que posea su moneda nativa, sólo podría tener un nodo; sin embargo, el proceso de selección favorece a las personas con más fondos en *"Prueba de Participación"* (Proof Of Stake - PoS), es decir que desde más dinero tengas en Solana (SOL), mayores serán las probabilidades de que seas elegido como nodo validador.

Cada nuevo validador se turna para ser el líder que produce nuevos bloques en Solana (SOL). Cada turno tiene una duración de 4 bloques, lo que equivale a unos 400 milisegundos, los nodos que intenten corromper la red o no se comporten adecuadamente son castigados perdiendo parte de los fondos que han bloqueado. Otro aspecto importante es que en Solana (SOL) los validadores se juntan en grupos llamados Clusters, los cuales llevan a cabo tareas específicas. Por ejemplo, se puede tener un Cluster de Solana (SOL), que será responsable de alojar un Exchange descentralizada y otro Cluster que se encargará de mantener un mundo virtual descentralizado como de centro Land.

"Prueba de Historia" (Proof Of History - PoH) hace posible que los validadores puedan clasificar y verificar las transacciones de forma mucho más simple y más rápida que otras cadenas de bloques.

Rapidez, efectividad, escalabilidad, confianza y autenticidad; de esto se trata *"Prueba de Historia"* (Proof Of History - PoH); y además de ello el gran soporte dado a la red. Tomemos en cuenta que Solana (SOL) es una altcoin, reciente, de incipiente creación que tiene entre sus características una variada gama de mecanismos, aplicaciones y atajos que hasta la fecha no las tiene Bitcoin (BTC), la más fuerte de todas las criptomonedas en el mundo.

Entre los muchos aspectos diferenciadores, podemos mencionar las aplicaciones descentralizadas (DApps), Tokens no fungibles (Non Fungible Tokens - NFT) entre otras; siendo estos, algunos de los aplicativos que están a la mano de sus usuarios y a los que el público tiene permitido acceder para hacer de ellos, sus importantes aliados a la hora de negociar e intercambiar dentro del ecosistema cripto. Una contribución de poder que Solana (SOL) ofrece al espectro criptográfico y en especial a sus usuarios.

Ciertamente, Ether; qué es la Blockchain o Cadena de Bloques de Ethereum (ETH), realiza estas mismas funciones y acciones en la red. Por otro lado, Solana (SOL), dar por sentada y garantizada la afirmación de que, producto de la creación de su propia Blockchain o Cadena de Bloques, cuenta con un software que sencillo para producirlo y lo suficientemente práctico y amigable para utilizarlo, adicional a ello; la condición escalable que posee es mucho más efectiva y goza de una rapidez, hasta ahora inigualable si la comparamos con Ether.

El hecho está en que Solana (SOL) cumple parte de su funcionalidad operativa bajo la utilización de su protocolo de consenso conocido como *"Prueba de Historia"* (Proof Of History - PoH), en lugar de *"Prueba de Participación"* (Proof Of Stake - PoS) la cual es aplicable por parte de Ether 2.0 o la muy también popular y bastante destacada *"Prueba de Trabajo"* (Proof of Work - PoW), manejada por la número 1 del mundo, Bitcoin (BTC) y que, para cierto momento de su existencia, llegó a ser operada con total confianza por parte de Ether.

Contar con ordenadores y computadoras que cuenten con la capacidad de crear bloques, los cuales a su vez puedan formar cadenas, es una gran ventaja que solo Solana (SOL) ofrece al ecosistema, usuarios y validadores, además de dar un rango de velocidad y experticia propia y exclusiva de la misma *"Prueba de Historia"* (Proof Of History - PoH), facultad hasta inigualable y que da una gran ventaja y reconocimiento a Solana (SOL).

Hagamos un pequeño ejercicio que nos permita imprimir una toma tipo X Ray a estos tres sistemas o recursos criptográficos de importancia y gran avanzada:

"Prueba de Trabajo" (Proof of Work - PoW) en el esquema Bitcoin (BTC):

Aquí los nodos, representados por ordenadores, computadoras o en esencia, equipos de mineros, viajan en una carrera contra el tiempo para llegar a la meta y dar con la resolución de un puzzle criptográfico o conflicto matemático, y de esta manera dejar constancia de que, mediante un trabajo forzoso, análisis pormenorizado y ejecución disciplinada de grandes cantidades de trabajo, un bloque pueda ser creado y añadido a la cadena o Blockchain.

"Prueba de Participación" (Proof of Stake - PoS) en el esquema Ether:

En este protocolo o sistema, el nodo es elegido o seleccionado al azar y de forma eventual, con toda la tranquilidad, serenidad y seguridad hacia quien en ese momento cuenta con la participación más alta, lo cual puede ser interpretado como que no todos los participantes generan desgaste enérgico con el solo propósito de "ganar la carrera" contra el tiempo, muchos buscarán un ahorra que siempre será necesario para dar el siguiente paso. Es imprescindible una comunicación óptima y efectiva entre equipos computacionales, recuerda que el consumo de energía es un tema de otro nivel.

"Prueba de Historia" (Proof Of History - PoH) en el esquema Solana (SOL):

Este oportuno protocolo de consenso, único, importante y consciente del ahorro de tiempo que requiere el espectro cripto, no replica las características principales de las pruebas mencionadas anteriormente; a saber: "*Prueba de Trabajo*" (Proof of Work - PoW) en el esquema Bitcoin (BTC) o "Prueba de Participación (Proof of Stake - PoS) en el esquema Ether.

Solana (SOL), de manera muy puntual se apoya en un conjunto de marcas de tiempo o Time Stamp, cumpliendo de esta manera un maravilloso propósito comunicacional, y es el que todos los participantes cuenten con información de primera mano que les indique el momento preciso en el que un suceso o evento se ha dado en la red. Detalles estrictamente específicos, es decir; todo lo que pasa en el universo criptográfico, un cripto-verso integral con todo el sentido de la expresión.

El hecho de que las computadoras mantengan un alto grado o nivel de conexión y comunicación, se traduce o interpreta en una mayor velocidad y en uso exprés de tiempo: ¡Rapidez! Solana (SOL) consolida sus cimientos sobre una exclusiva mixtura de mecanismos entre los consensos *"Prueba de Participación"* (Proof of Stake - PoS) y *"Prueba de Historia"* (Proof Of History - PoH). Esto, además del robusto software que la constituye; le permite dar origen o ser la creadora de un bloque en aproximadamente 400 milisegundos, mientras que Ethereum (ETH) hace lo propio en 10 segundo; y ni hablar de Bitcoin, que lo genera en 10 minutos.

Antes de que se comenzaran a presentar una serie de eventos inoportunos e inconvenientes operativos con Solana (SOL), la plataforma alcanzó a efectuar un tanto más de 400.000 transacciones en un segundo; lo cual le sirvió de aprendizaje y permitió importantes y relevantes mejoras a partir de allí.

En cuanto a niveles de producción, tengamos en consideración que previo a la aparición de Ethereum 2.0, la plataforma en su original configuración, tenía la capacidad de efectuar 30 transacciones por segundo; lo cual era sorprendente y admirable, en la actualidad ya no es así, hoy día tiene la capacidad de estar en 100.000 transacciones por segundo e impresiona a muchos, que Bitcoin (BTC) se mantenga en tan solo 7 transacciones.

Solana (SOL) lleva una delantera admirable, siendo hoy por hoy, pionera en velocidad; superando en demasía a Visa, toda vez que en referencia a la producción de transacciones por segundo. La velocidad de Visa no deja de ser llamativa, cuando posee la cualidad de producir 24.000 transacciones por segundo; lo cual llevado a Solana (SOL), nos hace ver que esta altcoin es lo suficientemente rápida y tiene la capacidad de operar con mucho más que cualquier otra. La escalabilidad requiere de un gran aliado, para su optimización; este aliado se llama: Velocidad. Solo la accesibilidad con rapidez y robustez, permitirán que una moneda digital se convierta en un circulante dentro de la red como moneda de dinámica mundial y globalizada.

Si revisáramos un tipo de hoja de vida o síntesis curricular, que nos presentara a Solana (SOL) en detalle, nos encontraríamos con que esta cripto estaría cumpliendo casi la totalidad de las exigencias requeridas para su entrada en el juego criptográfico, donde participa con estupendo comportamiento; muy especialmente frente a las más grandes que se mantienen imbatibles e inamovibles en el segundo y primer lugar respectivamente, ¡Sí!, nos referimos a Bitcoin (BTC) y Ethereum (ETH).

Bien podríamos afirmar que aquí sería probable dar con la respuesta o con la razón inequívoca del por qué la subida del valor de Solana (SOL) se mantiene tan en números azules, sería el despeje de la duda que aún muchos tenemos.

En algún fragmento anterior expusimos la condición que tiene Solana (SOL) de servir como apoyo y respaldo financiero a favor de usuarios de todo nivel y condición, a pequeños y grandes comerciantes por igual. Allí tiene Solana (SOL) fijado su blanco que, por su rapidez característica, fue centro de atención para ciertas organizaciones gubernamentales e institucionales.

Este interesante protocolo está concebido con la firme intención de consolidarse bajo una estructura de costos baja, garantizando escalabilidad efectiva y la rapidez única en sus procesamientos.

3

SOLANA Y SUS INICIOS: HISTORIA Y FUNDACIÓN

La historia, origen y posterior fundación de Solana, cuyo Token nativo es el SOL, tiene sus bases y concepción, sustentadas en una intención muy propia que se fundamentó en cómo y de qué manera podrían llegar a ser identificados aquellos eventos y situaciones que tuvieran lugar en torno a un ecosistema criptográfico distribuido, tras una plataforma orquestada en Smart Contracts escalables e integrales, con la total capacidad de lograr albergar todo tipo de aplicaciones inherentes a la criptomoneda con elevados niveles de utilidad, avaladas por un entorno de inquebrantable evolución y constituida por un valioso capital humano de desarrolladoras y validadores aplicados con sentido de pertenencia e identificación con Solana (SOL), sus planes y proyectos.

Haciendo un poco de historia, y remontándonos en lo que quizás pudo ser el motivo que inspiró a Anatoly Yakovenko, a crear una criptomoneda con características muy propias, inclinado en marcar la diferencia, ofreciendo y poniendo en práctica sus propuestas particulares, que otras aún no cumplen; es obligatorio compartir una experiencia pública que abriría las puertas a un proyecto que en tiempo récord, logró llegar a los primeros puestos entre las principales monedas digitales más importantes del mundo.

Se nos ha dicho que, Yakovenko; tras una reunión y compartir entre algunos amigos y conocidos, logró captar la atención de quienes, luego se convertirían en sus colegas y cofundadores de Solana (SOL), a quienes logró convencer junto a pequeño grupo de personas, también conocidas; que serían sus primeros colaboradores y posteriores usuarios, a los que les conversó sobre la idea que giraba en su mente de generar un interesante atractivo criptográfico.

Se nos comenta y hemos leído que, tal vez está escena tuvo su momento luego de una mañana deportiva, finalizada una jornada de hockey bajo el agua o bastante probable, al concluir una de las actividades que tanto apasiona a Anatoly; luego de surfear en Solana Beach, San Diego California, en la costa oeste de los Estados Unidos; el lugar predilecto y práctica que le llenaba de adrenalina sus visitas a la playa y en la cual compartió innumerables días de sol, mar, arena, muchas olas y suficiente emoción para despertar y poner a flote su creatividad.

Solo Anatoly Yakovenko conoce el evento y día preciso en el que recibió el apoyo, respaldo y ese sí por respuesta que se convirtió en el primer gran paso que encendería la primera llama y diera el primer rayo de luz a una iniciativa que transformaría la vida de muchos, incursionaría en la red cripto y respaldaría la actividad financiera en distintas partes del mundo, además de apoyar un sistema y un entorno virtual, que continúa en búsqueda de dar con estrategias que le permitan satisfacer un alto número de necesidades operativas en la red y hasta fuera de ella, cuando se busca captar la atención de nuevos seguidores, usuarios, validadores y mineros.

Retornando al momento inicial de Solana (SOL), somos la mayoría quienes votamos por creer que todo surgió en la playa; pues Solana Beach siempre fue el lugar predilecto de diversión y escape de Yakovenko y su amigo Greg Fitzgerald. Ambos acordaron comenzar con una evaluación minuciosa, allá por el primer trimestre del año 2018, específicamente en el mes de marzo, producto de esta y otras consideraciones, se dio la posibilidad de contratar a un pequeño, pero muy bien formado y capacitado grupo de trabajo, un staff con conocimientos y facultades idóneas, muchos ya con experiencia amplia y comprobada en el mundo digital y computacional.

Con ciertos fondos bancarios y un modesto respaldo económico; el equipo de trabajo se inició en la construcción y materialización del proyecto a una velocidad poderosa, y desde entonces no ha habido pausa que justifique dejar de crecer e ir en la búsqueda de una estructura y arquitectura cada vez mejor. De allí que se le llame a Solana (SOL), "un curioso proyecto Blockchain de alta velocidad", con una gran ambición y sano empeño en dar origen a una cadena de bloques de rendimiento significativo que no deba ni necesite recurrir a la fragmentación.

Una vez que las primeras funciones y tipologías propias del proyecto Solana (SOL) se consideraban ya consolidadas y establecidas en la cadena de bloques, el staff de trabajo y desarrollo dio inicio al lanzamiento de aplicaciones para redes de testeo. Los resultados y reacciones fueron inmediatamente sorprendentes, la gran importancia y valor que representaban los validadores externos interpelaron a los desarrolladores; quienes prácticamente de inmediato acogieron una línea de enfoque, orientación y seguimiento pro-activo que encontró en el conocido ecosistema Cosmos, el internet de la Blockchain; una fuente de inspiración para poner en marcha una serie de competencias de *"Redes de Prueba Incentivadas"* (Networks of Incentivized Proof - NoIP), a las cuales se les llamó "Tour de SOL", un recurso para descentralizar la red ofreciendo recursos informáticos.

Este lanzamiento de competencias se ha mantenido activo desde su momento inicial, encontrándose cara a cara con una gran cantidad de ataques y sufriendo innumerables errores que vieron su solución cerca la inmediatez, es decir; recuperación casi en el momento de los sucesos. Actuar para dar con una respuesta y solvencia con toda brevedad y garantía, brinda una confianza única en la red principal, que en prácticamente tres semestres haya pasado a ser un elemento con estabilidad demostrada y seguridad comprobada; permitiendo a los desarrolladores de sistema de aplicaciones, alojarse y apoyarse en el proyecto.

Recordemos qué Solana (SOL) ha sido diseñada como una Blockchain con un esquema de especialización en la creación de las "Aplicaciones Descentralizadas" (Decentralized Applications - Dapps) caracterizadas por su gran volumen de tráfico y utilidad. He allí la razón por la cual, Solana Network ha sido edificada sobre un conjunto diverso de innovaciones que llaman la atención, incluso de sus propios desarrolladores, permitiendo que aun, y a finales del año 2021, Solana (SOL) se mantenga firme y exclusiva, una de las más rápidas del mundo en la actualidad, frente a las muchos e incontables novedades de otras altcoin, plataformas y estructuras dentro del criptoverso.

Y AL HABLAR DE APLICACIONES, validadores, soportes y redes; es fundamental que toda cadena de bloques cuente con la búsqueda de *"Aplicaciones Descentralizadas"* (Decentralized Applications - Dapps) y la creación de proyectos facilitadores de las diversas operaciones que amerita la red para así avalar y satisfacer todo tipo de actividad financiera y mercantil. En este sentido, la comunidad criptográfica debe reconocer que Solana (SOL), sobre este y otros temas comunes; se ha enfocado en ser también, una plataforma de solución y aportes desde sus inicios, ofreciendo valor y beneficios.

Una variada gama de programas y soportes, entre los cuales destacan Solana Accelerator y la Fundación Solana, cumplen una brillante tarea de respaldo y apoyo constante a favor de los desarrolladores de aplicaciones. Estos individuos se esmeran en lograr ubicar plataformas efectivas que le permitan dar con la creación o generación de aplicaciones descentralizadas y las muy importantes aplicaciones escalables.

Una referencia de gran importancia y relevancia dentro de los inicios y orígenes de Solana (SOL), lo representa la presentación pública del whitepaper de *"Prueba de Historia"* (Proof of History - PoW). Un protocolo de consenso que llama poderosamente la atención y que es la otra cara de la moneda. Se trata de un interesante protocolo de consenso que ha consolidado sus bases de funcionamiento y aplicabilidad, en la secuencia cronológica monitoreada de cada transacción o evento que se presente en la cadena de bloques.

Resulta inevitable o por lo menos difícil, mencionar en cualquier momento, el protocolo bandera y transformador que ha significado *"Prueba de Historia"* (Proof of History - PoW) para Solana (SOL) desde sus inicios, para la plataforma en sí, como para red; bien nos atreveríamos a expresar y exagerar tal vez con total responsabilidad que resultaría lo suficientemente probable que, Anatoly Yakovenko hubiese pensado primero en este recurso para luego concebir Solana (SOL) como tal. Y es que su impacto en la red es sin ninguna duda, contundente.

Y es que fundamentados en la idea de que era necesario crear o diseñar una Blockchain con la capacidad de ser capaz de dar con el conteo preciso del tiempo en la red, y tras alguna estructura tener manera de sincronizar todos los eventos con exactitud y seguridad; surge Solana (SOL), como toda una plataforma de avanzada. Estando activo en Mesosphere, Yakovenko experimentó su brillante idea de crear el algoritmo, lo que hizo. Posteriormente, su estancia en Dropbox le sirvió de estímulo y motivación concreta para dar por culminado su ideal y llevarlo a la luz pública, presentando un trabajo atractivo y de grandes expectativas.

Con toda esta gran cantidad de ideas e inquietudes en mente y las ganas e interés de sedimentar novedades en la red cripto, Anatoly tiene el ferviente deseo de aportar la manera expedita de alcanzar la forma de solucionar una importante área de oportunidad que hasta la fecha, muchas criptomonedas y plataformas ofrecían pero sin llegar a cumplir, o por lo menos puestas en marchas con aspectos tal vez inconclusos o con una consecución de fallos y errores que redundarían incluso, en la alteración de información, y especialmente en la relacionada con el factor tiempo.

Allí es donde Yakovenko centra su interés y energía, utilizar el tiempo dentro de la red de una manera acorde y mucho más real; sobre todo en las validaciones, donde un fuerte cuello de botella en las transacciones cada día de hacía más y más estrecho; cuando quedaba evidenciado que plataformas como Bitcoin (BTC) y Ethereum (ETH) presentaban reportes con datos alterados y fuera de la marca de tiempo real, solo con la intención de "solucionar" el error o "solventar", inapropiadamente un evento en la red, que en todo caso necesita estar fundamentada en datos y referencias acordes y ajustadas a la realidad de tiempo, en especial para la validación y confirmación de transacciones monitoreada por los validadores.

El equipo detrás de Solana (SOL)

Comencemos por mencionar que Solana (SOL) en su contexto y constitución general, no se trata de un grupo como tal, de un staff o de un equipo de trabajo tradicional y estándar de personas que concurren a un centro de labores con el fin de cumplir un horario reglamentario y las instrucciones de un supervisor, al mejor estilo "9 to 5". Tampoco diremos qué se trata de una sociedad de amigos reunidos con un factor común, una idea o una filosofía de igual lineamiento para todos. Cuando buscamos reseñar el equipo que está detrás de Solana (SOL), la cuarta mejor criptomoneda del mundo y que en tan solo meses, logra alcanzar niveles y posiciones históricas frente a sus competidoras, viajando a la velocidad de la luz; no podemos más que imaginar la mega infraestructura que la conforma.

En primer término, es imperativo u obligatorio mencionar nada menos y nada que a su fundador, CEO y creador de esta gran idea llamada Solana Labs, en honor al lugar de reuniones de playa y surf que Anatoly compartía con sus amistades. Otra figura de gran importancia, que ha depositado grandes aportes a la creación de esta maravillosa alternativa criptográfica, es Greg Fitzgerald, cofundador de Solana Labs y que hiciera equipo con Anatoly, quien le contactó y que en una oportunidad hicieron equipo en Qualcomm. Juntos dieron lo mejor de sí para materializar la idea, el proyecto; un protocolo que hoy el mundo conoce como Solana (SOL), en este momento, la cuarta criptomoneda más importante y destacada del mundo.

Posteriormente, y tras la motivación y el ambiente optimista que se comenzó a percibir en Solana Labs, fueron entonces muchos los compañeros que se sintieron atraídos por la idea y esta alternativa que seguros estaban, daría mucho de qué hablar en positivo. Conformada la dupla Anatoly-Greg, unidos a ellos compañeros inspirados, confiados y conocedores de la materia, con amplia experiencia demostrada y comprobada; logran diseñar, planificar y desarrollar un proceso que pasaría a ser el protocolo de consenso Solana junto a su Token o moneda nativa SOL, esto; en marzo del año 2020, en medio de una pandemia que obligó a la humanidad a estar confinada en sus hogares y paralizó al mundo al punto vivir sobre la base de la estricta cobertura de necesidades básicas.

Hay quienes aseguran, que ese mismo confinamiento, el incremento de las actividades generales en red y llevar una vida prácticamente digital y virtual; pudo haber sido una catapulta para este proyecto criptográfico que se establecía con solidez y en busca de una mejora en el aprovechamiento del tiempo en el criptoverso.

Hoy día Solana, el ahora sí; Team Solana, está conformado por: Anatoly Yakovenko (CEO), Greg Fitzgerald (Co-Fundador & CTO), Raj Gokal (COO), Eric Williams (Data Science and Tokenomics), Hsin-Ju Chuang (Head of Gowth), Stephen Akridge (Principal Engineer), Mihael Vines (Principal Engineer), Rob Walker (Principal Engineer), Jeff Levy (Operations), Pankarj Garg (Senior Stuff Engineer), Jack May (Senior Stuff Engineer) y Tyera Eulberg (Senior Engineer); como el front principal responsable de hacer todo lo mejor por Solana (SOL) y cuánto se vincule a esta criptomoneda. Te invitamos a conocer un poco más de cada uno de ellos en www.icobench.-com/ico/solana/team.

No todo lo que hasta este punto hemos visto, representa a Solana (SOL) en su totalidad o en su máxima expresión; existe algo más, de hecho; muy importante para la Solana Labs, y se trata de su sede principal que se encuentra ubicada en Europa, específicamente la ciudad de Zug, Suiza. Se trata pues, de la Fundación Solana. Una organización sin fines de lucro, cuyo principal objetivo es la descentralización, velar por el crecimiento de la criptomoneda junto a toda su estructura y la seguridad integral de la red Solana en toda su extensión y que ofrece un programa de delegación a través del cual todos los validadores tienen abierta la posibilidad de formar parte de este programa exclusivo de la Fundación Solana, para lo cual se debe cumplir con serie de determinados y puntuales requisitos y requerimientos de capacidades.

Todos y cada uno de los participantes seleccionados tras su previa postulación, son desde un principio completamente elegibles, ya que la Fundación Solana no tiende a discriminar; lo que más podría suceder es que la postulación quede para un próximo programa. Tanto a Solana Labs como a Fundación Solana, les preocupa e interesa contar con validadores y talento en general capacitado y orientado en torno a la propia red. Aquí la idea principal, es parte sólida del objetivo básico o específico, el cual consiste en recibir, ayudar y orientar al grupo de validadores y staff en general para garantizar y ayudar con la descentralización de la red.

Desde la Fundación Solana son muchos los proyectos y planes de formación y capacitación que se ofrecen a los participantes, usuarios y validadores entre muchos otros interesados en crecer y conocer la dinámica cripto al ritmo de los tiempos.

Existe un interesante *"Programa de Servidor"*, se trata de un programa para la adquisición de recursos materiales de alta gama a tarifas económicas y de muy bajo costo, con el cual se ofrece un paquete básico para iniciarse de manera efectiva y muy bien orientada en la red. También detrás de Solana (SOL), se tiene a los conocidos Grupos Estaca. Estos son grupos de participación integral y activa con los que se pretende encontrar soluciones participativas ante aquellas amenazas o fallos que ciertos entes se esmeran en difundir como la resistencia a la censura el desarrollo y evolución de las *"Finanzas Descentralizadas"* (Decentralized Finance - DeFi) y la misma descentralización.

La Fundación Solana representa una estructura de vitalidad y sustento altamente indispensable para todo el ecosistema cripto, en particular para quienes hacen vida mercantil, financiera y comercial en la red. Claro está, que cuenta con sus mentores y constructores; qué vienen a ser consultores para la arquitectura y todo el conglomerado Solana. No cabe duda que la primera cabeza o primera fuente de orientación, luz y guía la encontraremos en su creador o "Padre de la Criatura", como le dijera un participante anónimo a Anatoly Yakovenko, en una sala de conferencia de Los Ángeles (California USA), mientras el fundador de Solana justo presentaba un programa de capacitación para validadores y miraba su reloj, al que entre risas llamo "My Proof Of History", haciendo ver la importancia del tiempo.

Detrás de Solana, no solo se encuentran sus fundadores, desarrolladores, capacitadores, ingenieros, personal de marketing o toda la estructura profesional de la marca; también están sus usuarios, visitantes de la red y quienes hacen intercambios por medio de sus propuestas y ofertas; ellos conforman el punto neurálgico y promocional más importante y valioso de toda la cadena, el público, que con su boca a boca, vivencias y experiencias de todo tipo; lleva en sus manos dispositivos móviles que le mantienen al día con los movimientos y variaciones en tiempo real de los reportes verdaderos de toda la actividad cripto como; compra, venta, intercambios, validaciones, etc. hasta su wallet preferida. Esto y más vamos a encontrar detrás de Solana Labs, Solana (SOL) y Fundación Solana; que en esencia es uno; el mismo hogar.

Y, por si fuera poco, día a día se suman nuevos partners que eligen a Solana (SOL) como su soporte para múltiples actividades y se hacen parte de la comunidad que está en el backstage o detrás de este protocolo de consenso que continúa su aumento en clientes, usuarios, precio, capitalización y sube su posición en el ranking de las mejores monedas del mundo.

Te mencionaremos algunos socios que buscan su respaldo e impulso en Solana (SOL):

- **Audius:** Con el firme propósito de lograr escalar a largo plazo, elige a Solana.
- **Circle:** Se asocia a Solana con la intención de impulsar USDC hacia la Blockchain de Solana (SOL)
- **Wormhole:** Convencidos que la opción más viable, es la economía descentralizada.
- **Torus:** Ofrece todo su apoyo a Solana y proporcionar herramientas para la construcción de aplicaciones principales escalables.
- **DFuse:** Uniendo esfuerzos con Solana, DFuse se ofrece también como una opción en la resolución de conflictos de alto impacto en la Blockchain.

Y ASÍ UN gran número de marcas hace lo propio para su beneficio, partiendo desde una alianza profesional con Fundación Solana y Solana (SOL), gracias a su credibilidad y demostración de potencialidades efectivas en pro de atender a una inmensa comunidad que no ha recibido aún aquella respuesta puntual e inmediata que en red se requiere para seguir adelante, a tiempo y sobre todas las cosas, con seguridad, confianza y garantía.

Se juegan o se invierten, se pierden o se reciben fondos económicos que participan en la movida diaria dentro todo el ecosistema criptográfico mundial; Solana (SOL), concebida por un destacado profesional, experto en la ingeniería y programación, joven de esta siempre sorprendente era digital; no se permitirá quedar en una posición que en lugar de catapultar su proyecto, simplemente lo detenga, lo vaya eclipsando, al punto que pueda desaparecer con centenares de cripto que a lo sumo vieron solo un destello de luz a ser lanzadas, aunque muchas al vacío.

Si de competencia se trata, esta es fuerte, difícil, compleja y con miles de participantes en el campo. Aparecer en la contienda, 12 años después de haber sido lanzada Bitcoin (BTC), la primera moneda del mundo y en tan solo tres semestres después estar a tres puestos de ella; es un excelente aliciente y recompensa al esfuerzo, que merece ser celebrada con más proyectos, más actualizaciones, más alianzas y más aporte de soluciones que día a día, fortifiquen la red generando un nivel de atracción más convincente, pero seguro que perdura en el tiempo real de aquello que llamamos y que ya conocemos como reloj criptográfico y tras lo mucho que hay en el tras cámaras de Solana; que no solo es el valioso recurso humano; sino sus maravillosos adelantos tecnológicos.

La Fundación Solana, en forma constante se complace en ir anunciando que su crecimiento es de forma exponencial, y que sus puertas están abiertas para albergar propuestas totalmente constituidas o que merezcan ser mejoradas, de allí su importante contenido de programación formativa para todos en general.

Ventajas y Desafíos de Solana

Cuando nos piden enumerar ventajas de algo o alguien, automáticamente pensamos en que nos pedirán también las desventajas; algo bastante común. Ahora bien, cuando nos hacen el llamado a mencionar ventajas y desafíos; resulta muy atractivo, ya que esta condición nos transmite de inmediato una imagen de gran fortaleza, pues de entrada podemos considerar que desarrollaremos el tema sobre quién posee facultad de afrontar situaciones que con total garantía serán superadas.

Solana (SOL) surge y representa una alternativa criptográfica de avanzada, de lo cual no cabe la menor duda; aparece en la red y en tiempo récord se incorpora a una carrera de avanzada sorprendente que la lleva a los primeros lugares de las mejores y más destacadas monedas virtuales del mundo. Ofrece junto a otros tantos recursos, que van de la mano con la Fundación Solana, a través de sus programas de formación y capacitación, alianzas y demás estrategias de solidez y estabilidad; un recurso que "transformó el tiempo" del criptoverso, al llevarlo a un conteo real y con características únicas que solo la "Prueba de Historia" (Proof of History - PoH), ha podido lograr, dejando la falsificación o emisión de datos erróneos en las validaciones.

Veamos algunas ventajas que posee Solana (SOL) y cómo ello impulsa de alguna manera, a invertir en ella y entenderla como una criptomoneda segura, confiable y de gran interés.

Es una criptomoneda que mantiene su cotización constantemente en tendencia alcista:

Con menos de dos años en el mercado, Solana (SOL) ha logrado aumentar su precio de forma indetenible. Para impresión o sorpresa de muchos, Solana (SOL) logró viajar de 1,50 dólares americanos a los 212,00 dólares americanos en un período de tiempo sorprendente. Un asombroso incremento superior al 14.000%, pero que luego comienza un paulatino movimiento en reversa, a la par con el resto de sus activos digitales; llegando así a bajar hasta llegar a los 157,85 dólares americanos, justo en el momento que este documento está siendo redactado.

Una vez que Solana (SOL) se incorporó al sistema criptográfico de los "Tokens No Fungibles" (Non Fungible Tokens - NFT) y a las "Finanzas Descentralizadas" (Decentralized Finance - DeFi), su precio, y por ende su mercado de capitalización tendieron a incrementarse; incluso superando el 200%, y de esta forma para mediados del año 2021 Solana (SOL) logra entrar al ranking de las 10 mejores monedas del mundo.

Su desenvolvimiento en la red genera gran confianza:

Producto de su protocolo de consenso, escalabilidad, establecimiento de aplicaciones y movilidad de precio y mercado, que mantienen a Solana (SOL) entre las primeras cuatro mejores monedas virtuales, se ha ganado el interés y la confianza de entes gubernamentales y organizaciones privadas, así como de la pequeña y mediana empresa.

Solana (SOL) goza de recibir importantes alianzas en inversiones en la constante de sus jornadas, llegando a captar clientes de amplio rango y espectro. Además, es un interesante y valioso puerto de aplicaciones que buscan alojamiento en esta Blockchain, dadas sus grandes ventajas de escalabilidad y funcionalidad.

Es la plataforma más rápida de la red criptográfica:

Mientras luego de su más reciente actualización, Ethereum (ETH) logra alcanzar la llamativa suma de 100.000 transacciones por segundo, se encuentra por otro lado a Bitcoin (BTC) cuya plataforma aún se mantiene en la cifra de tan solo 7 transacciones en un segundo. Haciendo la comparación de Bitcoin (BTC) contra Ethereum (ETH), nos encontramos con una diferencia de 99.993 por encima a favor de Ethereum (ETH), pero cuando nos encontramos con la cantidad de transacciones que logra procesar Solana (SOL) en 400.000 transacciones en un segundo.

Esto es rapidez, pero no es tan solo la velocidad con la que se mueven las transacciones; es la garantía de una operación pulcra, eficaz y sin percances. Un aspecto que ninguna otra criptomoneda hasta ahora ha logrado igualar o al menos acercarse.

Prueba de Historia (Proof of History PoH):

El boom cronológico en cuanto a reloj criptográfico se refiere, lo posee Solana (SOL). Nos referimos a una herramienta o recurso, un protocolo de consenso que beneficia a toda la red, sin distinción. Más exactamente se trata de un algoritmo de Blockchain que ha sido utilizado para complementar al anteriormente conocido método de consenso "Prueba de Participación" (Proof of Stake - PoS), por medio del cual se logra acelerar la red tras los procesos de consenso suministrando un instrumento para la medición y codificación del tiempo de forma más inmediata y precisa en la cadena bloques, generando información fidedigna a favor de los nodos de la red que, contarán con marcas de tiempo precisas y la verificación o validación criptográfica en el tiempo inequívoco del evento o transacción.

La finalidad que tiene y se busca en Solana (SOL) a través de la "Prueba de Historia" (Proof of History - PoH), es en principio mejorar la escalabilidad a través de este relevante protocolo, como ya se ha mencionado, se activa en conjunción con la "Prueba de Participación" (Proof of Stake). Este interesante mecanismo o "Prueba de Historia" (Proof of History - PoH), cumple con la gran responsabilidad de organizar y verificar las transacciones dentro de la Blockchain.

Solana (SOL) cuenta con un ecosistema cercano a las 400 DApps

A pesar de que la Blockchain de Solana (SOL) aún y para la fecha se encuentra en su fase inicial beta, dispone en su haber con aproximadamente 400 *"Aplicaciones Descentralizadas"* (Decentralized Applications - DApps), todos con soporte en esta novedosa e innovadora Blockchain.

Dado el gran nivel de amplificación que Solana (SOL) posee, y la variedad de potencia de su propio ecosistema; que incluye un *"Creador de Mercado Automatizado"* (Automated Market Markers - AMM); son múltiples las exchanges descentralizadas, juegos, plataformas para la compra y venta *"Tokens No Fungibles"* (Non Fungible Tokens - NFTs), plataformas para las *"Finanzas Descentralizadas"* (Decentralized Finance - DeFi), fondos de inversión; entre centenares de ellas, que hace de Solana (SOL), su plataforma de desarrollo y crecimiento.

Algo de relevancia es la cantidad de fondos y recursos económicos que estas "Aplicaciones Descentralizadas" (Decentralized Applications - DApps) generan; gracias a su desenvolvimiento comercial, ellas producen billones de dólares americanos de manera constante. Solana (SOL), mantiene una disposición perenne por hacer de su tecnología, forma avanzada y diferente de darse a conocer y de actuar en la red y el criptoverso en general.

Y así, aunque parezca increíble son muchas las ventajas que caracterizan a Solana (SOL), y estando activa en una versión beta; su poderío ya se hace sentir, su mejor propaganda son las aplicaciones alojadas en esta Blockchain y su protocolo de consenso que marca una diferencia incomparable.

Solana (SOL), te seguirá sorprendiendo por las muchas oportunidades que pone a la orden y a disposición de todos los internautas que tienen esa opción de mejorar sus finanzas y hasta sus virtuales.

Con lo que hasta ahora te hemos comentado en este artículo, tomaremos para de la base de aquello que consideramos, debería ser tomado en cuenta por Solana (SOL), como desafío o qué debería enfrentar.

Entre sus principales desafíos está, el saberse manejar en la lucha dentro del ecosistema criptográfico y su vivencia en el mundo virtual como físico-material. Entenderse como esa Blockchain de bases filosóficas que comulgan con el interés común de millones de usuarios que hacen vida en el mundo económico digital y quienes han conocido a Solana (SOL), la han utilizado y la han adoptado como su más cómodo y efectivo recurso de manejo para las negociaciones,

La formación de su capital humano InHouse, como de sus clientes y usuarios ha de ser una prioridad, una premisa ineludible. Desde La Fundación Solana son impartidos programas de capacitación, crecimiento y desarrollo a favor de sus empleados, público en general, desarrolladores y validadores. Sedimentar educación en una o varias áreas es lo mejor que se puede hacer a favor de las comunidades; saber desafiar el desconocimiento representa la mejor inversión para la humanidad.

OTRO GRAN RETO y desafío está en luchar por sostener la veracidad y esa confianza tan necesaria para quienes depositan confidencia y seguridad en una u otra plataforma, en una venta, una compra o un intercambio; quienes invierten o adquiere un bien, con reportes e información a tiempo, veraz, precisa y oportuna. La conocida "Prueba de Historia" (Proof of History - PoH), no será quizás la tabla de salvación criptográfica, pero sí ha traído al ecosistema una nueva manera de reportar, validar y verificar todo lo que en la red ocurre. Gracias a la "Prueba de Historia" (Proof of History - PoH), los datos son todos confiables y garantizados.

Cuando cómo consumidores buscamos un producto que satisfaga nuestras necesidades, esperamos encontrar algo que se parezca a nosotros y que a su vez represente y cubra lo aspiramos y en lo que estamos decididos a invertir. Indistintamente lo que se desee comprar, lo que nos haga falta o aquel requerimiento; la sensación es la misma, un producto bueno que represente una excelente relación precio y calidad, durabilidad y satisfacción, bien sea tangible e intangible.

Solana (SOL), tiene la calidad de reunir un número importantísimo de ventajas y características que están a la mano del consumidor, del usuario y del suscriptor. Ubicarse como una de las mejores criptomonedas del mundo, contar con una arquitectura estable y de avanzada; significa para la red ser una opción que figura entre la mejor decisión a la de adquirir Solana (SOL), un proyecto que hace un movimiento audaz y cauteloso a medida que se acerca cada vez más a una fuerte Ethereum (ETH).

No olvidemos que prácticamente todas las monedas digitales que conocemos han ofrecido resolución de conflictos, respuesta inmediata, velocidad en transacción, escalabilidad, bajas tarifas y muchas otras áreas de oportunidad. Solana (SOL), en mucho menos de dos años llegó, se presentó, encendió sus motores y de forma casi paralela trajo consigo las soluciones por años espera y ofrecida por otras muy buenas monedas digitales y Blockchains de trayectoria.

Solana (SOL), la Blockchain con protocolos de consenso, aplicaciones, programas y servicios a la altura del mercado y a la medida de sus miembros y usuarios. Solana (SOL) per sé, representa desde su fundador Anatoly Yakovenko, un gran desafío y una gran ventaja.

4

UN REGALO PARA TI

Querido lector, la colección de libros "Criptomonedas en Español" no solo tiene versiones en ebook, tapa blanda (paperback) y tapa dura (hardback) sino que también esta disponible una version en audiolibro, muchas veces no tenemos tiempo para sentarnos y leer por el ajetreo del día a día por lo que esta version es mas cómoda para ti.

Si deseas la version en audiolibro de esta colección, puedes escanear el siguiente código QR con tu móvil/smartphone y obtenerlo de forma gratuita:

¡Qué lo disfrutes!

5

CÓMO INVERTIR EN SOLANA

Antes de invertir, vamos a conocer para saber con certeza, hacia donde el dinero habría de correr.

Solana (SOL), es el protocolo de consenso de Blockchain que se ha caracterizado por su escalabilidad, la cual le brinda la oportunidad de poder crear y generar *"Aplicaciones Descentralizadas"* (Decentralized Applications - DApps), además de los importantes "Contratos Inteligentes" (Smart Contracts). Solana (SOL) destaca por contar con la cualidad de lograr la permanencia de una innumerable cantidad de nodos sin caer en el riesgo de generar grandes dificultades y conflictos en la red.

Estamos hablando de una Blockchain de alto nivel sin paralelismo de riesgo alguno que impida su normal desarrollo y desenvolvimiento. Solana (SOL) y su poderío en velocidad y rapidez en los distintos eventos y transacciones, se sustenta en su mejor aporte criptográfico, la *"Prueba de Historia"* (Proof of History - PoH), un mecanismo con la funcionalidad de permitir que todos y cada uno de los nodos logren emparejarse con más rapidez y efectividad, además de hacerlo con garantía de un Time Report 100% confiable. Este protocolo no es susceptible a alteraciones del tiempo, por lo tanto; es más eficaz que cualquier *"Prueba de Participación"* (Proof of Stake - PoS), conocida.

El proyecto fundado por Anatoly Yakovenko, Greg Fitzgerald y Eric Williams, ya próximo a cumplir dos años en actividad; goza de gran reconocimiento por ser en estos momentos, la cuarta criptomoneda más importante en la red mundial. Hace solo cuatro años, en 2017, el joven de origen ruso, Anatoly Yakovenko redactó la totalidad del contenido en borrador que constituye el White Paper (Libro Blanco) de Solana; en él se incluye un análisis pormenorizado y muy bien detallado de qué es, cómo se aplica y la manera de funcionamiento de la "Prueba de Historia" (Proof of History - PoH). Transcurrido un breve periodo de tiempo, Yakovenko y Fitzgerald, quien igualmente formó parte del equipo de trabajo con Anatoly en Qualcomm; redactan la Blockchain del proyecto en Rust, un lenguaje de programación computacional.

En este documento, o en la composición de este proyecto escrito; la Blockchain se endosa con la "Prueba de Historia" (Proof of History - PoH), a modo de reloj criptográfico interno. Una vez conformada toda esta composición inicial de protocolo de consenso y su respectiva cadena de bloques, en el White Paper; ambos colegas y socios, deciden que es el momento de dar a conocer la propuesta, lanzarla al mercado y fundar así, una nueva criptomoneda de recién creación. Llega pues el mes de febrero del año 2017 y el dúo Yakovenko - Fitzgerald, hacen pública la versión oficial de su proyecto y su Libro Blanco, junto con la TestNet que acompaña esta nueva propuesta digital a favor del criptoverso.

Solana Labs, cuya empresa en un principio se llamó *"Loom"*, fue fundada en el año 2018, mereciendo su nombre al pueblo de Solana Beach, ubicado en San Diego (Estados Unidos), y desde su mismo momento de activación, se dio a la tarea de congregar a grupos de desarrolladores provenientes de las tecnológicas más reconocidas y grandes del mundo, tales como; Dropbox, Apple, Microsoft, Qualcomm y Google.

Prácticamente y de manera casi inmediata, Solana Labs llamó la atención de una cantidad importante de inversionistas, quienes dispusieron su capital de riesgo, logrando recaudar en cinco trimestres, exactamente desde el mes de abril del año 2018 hasta el mes de julio del año 2019, una suma de 20 millones de dólares americanos, aproximadamente unos 17 millones de euros. Todo ello mediante la venta cerrada de Tokens. Un año después, al iniciar el tercer trimestre del año 2020 es lanzada la testnet del proyecto, haciéndola pública. Esta testnet recibió el nombre de Tour de SOL, como se le conoce públicamente.

Solana Labs sigue su franco crecimiento, entonces para el año 2020, puntualmente en el mes de junio, es creada la Fundación Solana, organización sin fines de lucro centrada y enfocada en el desarrollo de programas de capacitación y formación a favor de la comunidad, sedimentando temas relacionados con las tecnologías descentralizadas y ecosistemas criptográficos entre una múltiple variedad de temas y programas académicos. Para ese mismo año, Solana Labs, hace un donativo por 167 Tokens SOL a la Fundación Solana junto con todos sus derechos de propiedad intelectual.

Ya entrando en materia, referente a cómo es el funcionamiento de Solana (SOL), destacamos que su estructura tiene la capacidad de sincronizar los nodos de una manera efectiva y garantizada, en cuanto a seguridad y alta velocidad se refiere. Cosa que no sucede en otras plataformas, ya que la forma de sincronizar se da en grandes cantidades, mediante transacciones almacenadas en bloques. En este formato, el consumo de tiempo es mucho más elevado, ya que la transacción o evento podrá ser efectuada una vez que el bloque se haya constituido.

Un caso ilustrativo lo podemos apreciar en la *"Prueba de Trabajo"*

(Proof of Work - PoW), aquí es mucho el tiempo que se consume, dado que se debería evitar un evento en el que sean varios los mineros pendientes de extraer un mismo bloque.

Para el protocolo de consenso de la *"Prueba de Participación"* (Proof of Stake - PoS), no aplica la *"Prueba de Trabajo"* (Proof of Work - PoW), ya que en este mecanismo se aplican las TimeStamps o marcas de tiempo. Este proceso es fundamental y básico en el proceso, pues gracias a él, los validadores podrán contar con la información necesaria que les indique la organización de los bloques creados en la Blockchain. Las marcas de tiempo o TimeStamps de la transacción, son colocadas por la Blockchain en todos y cada uno de los bloques, guiadas gracias al protocolo de consenso *"Prueba de Participación"* (Proof of Stake - PoS).

Debemos tomar en consideración que los nodos de una red criptográfica, no se comportan ni actúan al unísono, ni bajo una misma sincronización, ya que ellos dependerán de una conexión a internet, donde todos se activarán a diferentes velocidades y con ordenadores diferentes. Motivado a ello, las Time Stamps estarán viajando en el espectro cripto, manteniendo sus propiedades por un tiempo máximo de dos horas. Así que, la Blockchain se verá obligada a incrementar el tiempo que se necesite para generar un nuevo bloque. Este esquema de reacción va a garantizar que las marcas de tiempo sean las verdaderas y originales. Este esquema resulta más que oportuno, *"Prueba de Trabajo"* (Proof of Work - PoW), en la actualidad Ethereum (ETH) toma un tiempo de bloque de 14 segundos.

Para Solana este tiempo es aún mucho más corto, gracias a su protocolo de consenso llamado *"Prueba de Historia"* (Proof of History - PoH). Los nodos de la red que juegan un rol protagónico proceden a sellar cada bloque que haya sido trabajado, dando uso a una comprobación criptográfica.

Para ir más al centro de la plataforma y sabiendo su estructura, solo unos aspectos adicionales, antes de comenzar a invertir.

La plataforma se ejecuta soportada en el consenso Tower BFT, un mecanismo endosado al protocolo "Prueba de Participación" (Proof of Stake - PoS), tomando en cuenta que para su sincronización utiliza el protocolo de consenso *"Prueba de Historia"* (Proof of History - PoH)

SOL, Token nativo de Solana, es utilizado para staking, cobro y recibo de pago por transacciones y gestiones de proyecto.

Solana (SOL) representa una criptomoneda integral e interesante, cuenta con la capacidad de albergar centenares de aplicaciones, StableCoins, oráculos, Wallets y proyectos como "Finanzas Descentralizadas "(Decentralized Finance - DeFi) y muchas más.

Además de los mencionados, existen otros más que hacen de Solana (SOL) un proyecto cada vez más popular y aceptada para infinidad de negociaciones:

Galactic Marketplace, un mercado de *"Tokens no Fungibles"* (Non Fungibles Tokens - NFTs) basado en Solana.

Wormhole, un recurso de conexión que hará factible la interacción de la Blockchain de Solana (SOL) con la red de BSC, Terra y Ethereum (ETH)

Degenerate Ape Academy DAA, un mecanismo bastante popular y muy utilizado. Se trata de la colección de 10.000 monos hechos en dibujos animados.

En la actualidad Solana (SOL) está por encima de los 240,00 dólares americanos y se mantiene en el cuarto puesto del ranking de las principales monedas del mundo, con interesantes niveles en capitalización de mercado bastante optimistas, según el portal de CoinMarketcap. El año 2021 se ha mantenido, desde sus inicios, muy a favor del Token SOL, el cual ha crecido en más de un centenar de su valor inicial. Para el mes de agosto del año 2021 su rendimiento se multiplicó por 3, llega un mes de noviembre con números todos a favor de Solana (SOL), indiscutiblemente; un momento oportuno para invertir a consciencia en esta criptomoneda.

Solana (SOL) representa un proyecto muy importante y por demás lo suficientemente atrayente. Se trata de una alternativa y una fuente de inversión que promete excelentes dividendos y rentabilidad conforme el monto que desees convertir, siempre se estará ganando y es que Solana (SOL) no cesa ni deja de crecer, ser útil a favor de la red y desarrollarse en lo integral y económico. Solana (SOL) es prometedora.

El crecimiento de Solana (SOL) es satisfactorio, palpable y comprobable, estamos hablando de un proyecto que protagoniza grandes negociaciones y que va desde lo simple hasta lo complejo en la apertura a respaldar y avalar los intereses a favor a las altcoins, proyectos relacionados con Ethereum, "Finanzas Descentralizadas" (Decentralized Finance - DeFi) y otros.

Observando la manera como Solana (SOL) evoluciona, se comporta y es tratada en la red, nos resulta alentados, decir que la red se encuentra en una edad de transición de gran interés, se hace adulta y comienza a comprender qué es lo que no necesita y con podría sostener relaciones tecnológicas. Llama fuertemente la atención que Solana (SOL) sube y crece hasta en más de veces, mientras vemos a un Bitcoin (BTC) que durante todo un año solo ha reflejado una evolución y crecimiento de un máximo de en 68%. Sigamos apostando a Solana (SOL), y que no haya temor de destinar montos para invertir en ella, una cripto de gran poder y con vuelo por las alturas, como el del águila.

¿Dónde comprar Solana?

La compra de criptomonedas tiene una gran cantidad de variantes que dependerán proporcionalmente de la herramienta o recurso a través de la cual decidamos efectuar la operación, esta la realizamos a través de la Exchange de nuestra preferencia, pues conforme a la utilidad que le demos, cubrirá nuestras expectativas y con total seguridad; satisfará nuestras necesidades en la garantía de la negociación y beneficios que nos aporte.

A través de las distintas Exchanges o plataformas de intercambio, compramos y vendemos, estas plataformas de intercambio son el recurso que nos permitirá dar movimientos a nuestras cripto-divisas, es decir; gracias a ellas, las Exchanges, nuestro dinero digital se mueve. Lo ideal es saber que estamos utilizando una plataforma segura, encriptada realmente, confiable y de total garantía; no recomendamos utilizar la primera que encuentres solo por búsqueda general, indaga, revisa, conócela, consulta, verifica su historial, escucha opiniones y finalmente; elige aquella que hará de tus activos, una utilización acorde a tus exigencias. En pocas palabras, trata de dar con la Exchange que se ajuste a tu talla y medida.

Los usuarios, propietarios y nuevos participantes de la red criptográfica, tendrán la posibilidad de efectuar movimientos comerciales de pago con su dinero electrónico a través de una gama muy extensa de alternativas, y no solo la compra y venta de cripto-divisas; también el pago de bienes, operaciones bancarias tradicionales como transferencias, obtención de efectivo, calzado, bienes, ropa, placeres, viajes, pago de tarjetas y cualquier operación habitual; para ello, ambos deberán contar con la herramienta de que permita el traspaso de dinero cripto de la cuenta A hacia la cuenta B. Hoy día ya es algo muy común, ver que más y más comercios, establecimientos y empresas comercian con criptomonedas.

Se debe ser siempre cuidadoso y negociar con socios de una Exchange o clientes verificables y confiables, solo así tu experiencia de negocios digitales gozará de verdadera satisfacción. Recuerda que, aunque hablemos de un sistema financiero encriptado, no estamos exentos de estafas y engaños; los hackers saben muy cómo, cuándo, con qué y el momento preciso para cautivar a incautos o clientes ingenuos, muy apasionados y sorprenderlos con compras y ventas fraudulentas, sobre todo cuando de alguna tendencia se trata. Y para ello, antes de continuar; creemos oportuno hablar de un caso reciente para la fecha de esta publicación y que quizás ya lo conozcas. Se trata de la gran estafa con el *"Juego del Calamar"*. Una serie que se hizo tendencia y famosa en tiempo récord, produjo millones en ganancias económicas, recibió donaciones, se hace cada día más popular en el mercado, y se vende en todo formato; es decir, desde réplicas del vestuario, hasta la muñeca y la tradicional canción, que forma parte de la infancia que crece en los hogares asiáticos.

La criptomoneda originada e inspirada en el famoso Juego del

Calamar, terminó siendo una estafa millonaria que solo beneficio a sus habilidosos y delictivos desarrolladores, quienes aprovecharon el éxito mundial de la serie para diseñar y lanzar toda una estructura descentralizada que lo hizo millonarios, tras orquestar una trampa muy bien pensada. Sin lugar a dudas, no hay nada más efectivo que jugar con las emociones, persuadir con lo que a todos gusta, atrae y llevarse todo un gran capital activo, con la facilidad de robarle un caramelo a un niño. Esta estafa fue fácil, sencilla, rápida y dio a sus creadores los resultados calculados y estimados; no les hizo falta estafar más.

La operación fraudulenta millonaria que generó el Token de *"Squid Game"*, causó un engañoso desembolso por más de 3.380.000.000,00 millones de dólares americanos. Dice el viejo refrán: *"No todo lo que brilla es oro"*.

Para la compra de criptomonedas, sugerimos dedicar algunos minutos a conocer un poco sobre las cinco mejores Exchanges o Casas de Cambio conocidas y que a continuación te mencionamos:

- **Coinbase:** Es la Casa de Cambio más conocida y popular del mundo y el número uno de occidente. Originaria de Estados Unidos, goza de un nivel muy alto en seguridad cripto-activa.
- **Bitpanda:** Una de las Exchanges más reconocidas de Europa, con sede en Austria. Al igual que Coinbase, su reputación en seguridad es de muy alta confiabilidad.
- **Cex.io:** Goza de gran privilegio por ser nativa de Inglaterra, donde las restricciones son estrictas y su prestigio se extiende a los Estados Unidos, lugar en el que posee un mercado importante. Su nivel de seguridad es muy alto.
- **Binance:** Por años se ha mantenido en la cima de las mejores Exchanges del mundo. Es originaria de China, y su referencia en seguridad y confianza es alta.
- **Kraken:** Desde su fundación, mantiene su estándar como una de las más destacadas del mundo. Oriunda de los

Estados Unidos, goza de un nivel muy alto en seguridad cripto-activa.

Según las estadísticas, se nos muestra que la Exchange más popular y más utilizada en el mundo es Coinbase, que figura como primera en nuestra lista anterior. Sin embargo, y muy probablemente por un tema de coste de trading, Binance se hace de un gran poder y presencia en el mercado. Toda vez que mientras el coste de trading de Coinbase es de 0,50%, Binance está en 0,1%

Binance es la Exchange con más usuarios en el mundo, y a través de ella puedes comprar, pero también vende Solana (SOL). Lo primero que deberás hacer es registrarte y crear tu propia cuenta en su plataforma y a través de tu perfil Binance, comiences a disfrutar el mundo de las transacciones en criptomonedas. Podrás manejar tu cuenta de tu móvil o tu ordenador, y tendrás la facilidad de hacer depósitos en el momento que lo necesites.

Para comprar Solana (SOL), que es nuestro caso particular, no estamos obligados a comprar exclusivamente a través de Binance, Exchange que tampoco estamos patrocinando; seguramente tienes tu propia cuenta Exchange con la cual ya operas, y de seguro en ella podrás efectuar compra y venta de Solana (SOL), criptomoneda que por cierto esta retumbado las bases de Binance (BNB) en el ranking de las mejores monedas del mundo que en este preciso momento están en:

- Posición Nro. 3: Binance (BNB) / Precio: 635,46 USD
- Posición Nro. 4: Solana (SOL) / Precio: 244,24 USD

Información basada en la fuente CoinMarketCap.com, del día 8 de noviembre del año 2021.

El proceso para la compra Solana (SOL) resulta realmente bastante, una vez cumplido el primer y ya poseas tu cuenta Exchange, lo que debes hacer es determinar bajo qué o cuál modalidad utilizarás para obtener los Tokens Solana (SOL) que desees o necesites.

Binance, por ejemplo; ofrecerá una lista de StablesCoins o Tokens digitales estables en moneda fiat para de esta forma mantener el valor y estabilidad del tipo de cambio a aplicar según la moneda por medio de la cual obtendrás Solana (SOL).

Mediante una transferencia bancaria, hecha con tu aplicación en la plataforma de Binance, enviarás tu dinero a la cuenta de este proveedor, poseedores del Token, a continuación, dispondrás de la StablesCoins negociadas, con las cuales realizarás la compra de Solana (SOL) directamente en la Exchange.

También puedes comprar Solana (SOL) con tu tarjeta de crédito o débito, efectuando los mismos pasos, con el suministro de tus datos en la tarjeta a emplear, Para este y otros casos, Binance te lleva paso a paso. Un aspecto de valor para la compra de Solana (SOL), a través de Binance por medio de tarjeta de crédito o débito, es el ofrecimiento de excelentes y variadas alternativas que la Exchange otorga por la compra de Solana (SOL) para usuarios de Visa y/o Mastercard.

Además de la compra de Solana (SOL), Binance también ofrece al mercado en general y todos sus usuarios, la admisión y realización de depósitos con más de unas 150 monedas virtuales, dentro de las que figuran algunas que pueden ser intercambiadas por Solana (SOL), disfrutando de las más atractivas y competitivas tasas por concepto de comisiones vistas en el mercado. Esta manera de trading con Solana (SOL) es efectiva, interesante; la cual, durante la primera semana de noviembre del año 2021, se ha advertido muy activada.

La posibilidad de comprar, vender, hacer depósitos y trading con Solana (SOL) en el momento, día y lugar que lo desees es una completa realidad. Binance ofrece su plataforma para ser utilizada, además desde un ordenador; a través de tu dispositivo telefónico móvil celular. Solo basta con que te descargues la aplicación de trading de Binance vía Google Play o App Store y dispondrás de un recurso útil y realmente necesario para quien se mueve en la actualidad que gira en torno a lo que representa la utilización de las criptomonedas o el sistema criptográfico en todo su esplendor.

La compra de Solana (SOL) resulta interesante, y mucho cuando vemos que su valor, aunque con leves bajas; se mantiene en niveles importantes. El trámite incluso de iniciación es bastante sencillo y verdaderamente práctico. El registro en una Exchange no resulta en la entrega de grandes y molestos requisitos, es tal cual si abrieras una cuenta de correo o una nueva red social. Una cuenta o perfil Exchange se mantiene resguardada, solo tú conoces y manejas tu usuario y contraseña, así como los recursos y atajos de recuperación ante posibles ataques de hackers o acciones de terceros que intenten ingresar y vulnerar tu cuenta.

Los fondos desde y hacia la plataforma de Binance con tu cuenta son bilaterales, y las negociaciones de intercambio que sean efectuadas en el ecosistema de Exchange, están protegidas y encriptadas, solo los participantes de la transacción, serán los que manejen toda la información de montos, datos y demás referencias operativas a la que se tenga acceso.

Estar inmerso en el mundo de las criptomonedas o formar parte de este ecosistema financiero, cada día se hace más frecuente, cada vez es menos el dinero fiat que vamos manejando, constantemente notamos que las monedas y los billetes tradicionales son más ausentes; estamos yendo menos al banco. Las operaciones electrónicas están a la orden del día y las compras con y de dinero electrónico son más comunes.

Recuerda descargar la Exchange de tu preferencia y comenzar a hacer fondos de recursos económicos con Solana (SOL) y además de tu cuenta bancaria acostumbrada, comienza a dar uso a tu wallet favorita, de esta manera te manejarás en el ámbito mercantil con elementos, recursos y estructura de avanzada.

Wallets que soportan el token de Solana (SOL)

Solana (SOL), es una plataforma que hemos visto evolucionar modesta y contundentemente de manera muy satisfactoria, y en su reciente lanzamiento se ha crecido a un nivel y modo ¡Sorpresa!, pues a muchos nos ha dejado pensativos e inquietos en cuanto a precio, capitalización y la posibilidad de adquirirla, contar con Solana (SOL) en nuestra billetera virtual o wallet.

PUES BIEN, si has pensado alguna vez en incursionar en el mundo de las criptomonedas y convertirte en un poseedor de Solana (SOL), no cabe ninguna duda que el momento ha llegado y lo verás reforzado en esta lectura fácil, amena y agradable. Vamos a compartir contigo algunas unas líneas, por demás interesantes; en las cuales te vas a encontrar con las que consideramos son las mejores wallets para las monedas virtuales, y en un caso muy especial como particular, para Solana (SOL). Veremos aquí las principales posibilidades disponibles con las que podemos contar actualmente, junto a las más atractivas opciones.

Desde su lanzamiento, el pasado mes de marzo del año 2020, Solana (SOL) se ha esmerado en darse a conocer como una Blockchain de nueva generación, ofreciendo su arquitectura como una base sólida para la creación y el establecimiento firme de "Aplicaciones Descentralizadas" (Decentralized Applications - DApps) innovadoras y de primer orden. Estos son aspectos lo suficientemente importantes y de peso que figuran entre los principales objetivos de Solana (SOL) y sobre los cuales trabajan arduamente sus creadores, personal y equipo de desarrolladores.

Todo ello, entendiendo, siendo empáticos y conociendo un cúmulo de necesidades y requerimientos que sus usuarios y posibles prospectos solicitan y buscan en una Blockchain que les atienda, más que complacer, que les instruye en lugar de dejarlos a libre reacción. La estructuración de ser una alternativa criptográfica segura, escalable y absolutamente descentralizada, es la aspiración tanto de Solana (SOL), de la Fundación Solana y de cuantos siguen a esta novedosa Blockchain, y vemos que cada día, está más cerca de lograrlo, todo ello en la medida en que se suman nuevos clientes y a la par se establecen nuevas aplicaciones.

Adicional a ello, Solana (SOL), procura dar con la instauración fácil y sencilla de nodos, sin caer en la imperiosa necesidad de costo por concepto de hardware.

Solana (SOL) está fundamentada en el protocolo de consenso de la "Prueba de Participación" (Proof of Stake PoS), un mecanismo de tercera generación. Este consenso, a su vez se apoya en un procedimiento de altos niveles de confianza y extrema seguridad, sedimentado en su protocolo "Prueba de Historia" (Proof of History - PoH) y que aporte rangos de confianza inéditos que en su momento muchas criptomonedas aseguraban instalar, pero que Solana (SOL) apareció con esta carta bajo la manga a disposición de la red virtual criptográfica.

Solana (SOL) fue ideada y concebida desde una hoja en blanco, se trata de una creación totalmente inédita con su propio ADN, que busca la verdadera escalabilidad. Sus desarrolladores están tras la búsqueda de demostrar que la mezcolanza de tantos algoritmos en una misma Blockchain, ocasionará con total seguridad, grandes conflictos en lugar de mejorías y mayores potencialidades operativas, esto se puede traducir en saturación continua de red.

El mentor y cabecilla principal de toda esta estructura criptográfica sigue siendo su creador, Anatoly Yakovenko quien comenzó con Solana Labs para el año 2017, y que a favor de Solana (SOL), diseñó este innovador protocolo de consenso llamado "Prueba de Historia" (Proof of History - PoH), el cual deberá tener y contar con la capacidad de resistir centenares y miles de transacciones por segundo en todo momento, como hasta hoy la he venido demostrando.

Ahora bien, dicho todo lo anterior veamos y definamos que es una wallet o billetera, que utilidad tiene y cuál es presencia o participación en la red.

El término wallet, es un vocablo del inglés, que, traducido literalmente al español, significa "billetera" y a su vez viene a ser el calificativo que se le da al recurso digital que funciona como soporte virtual en el cual son almacenadas y administradas las credenciales de ingreso al sistema criptográfico y así, desde allí; dar utilización al dinero digital con el cual se cuente o disponga en un determinado momento. Es muy importante tener lo suficientemente claro que una wallet no almacena las criptomonedas, estás son acumuladas o mantienen en la Blockchain pertinente o de uso por parte del participante. En las wallets, se podrá consultar y verificar el saldo del cual se disponga y podrás manejar y utilizar a través de una Exchange que te permita compra, venta o intercambio.

Para que un usuario o cripto-entusiasta tenga la posibilidad de almacenar particularmente sus propias criptomonedas, será necesario que disponga de una wallet. Esta wallet o billetera tiene dos características, se puede utilizar tipo software o también podría tratarse de una wallet en físico. Todo esto varía según la necesidad de la persona y el tipo de wallet que crea conveniente usar conforme a sus necesidades, requerimientos y nivel de seguridad que desee darles a sus fondos.

En teoría una wallet es de gran utilidad, si queremos contar con un dispositivo de recuperación y disponer de una clave de acceso privada. A partir de esta clave de uso privado, es factible generar una clave de tipo pública que tendrá como soporte nuestras direcciones y transacciones.

Las wallets le permiten al usuario tener el acceso necesario a su estado de cuenta o saldo, al cual podrá ingresar mediante su clave privada, así como realizar transacciones las monedas que posea. Por lo general todas las wallets le dan al usuario la posibilidad de recibir y enviar monedas digitales con una facilidad espléndida y total con un margen de conflictos prácticamente nulos. Otras wallets podrían ofrecer más y diferentes funciones. Un ejemplo de ello es el caso de la Cadena de Bloques o Blockchain de Ethereum (ETH), en la cual está aprobado realizar el intercambio de Ether en Tokens o lo contrario, con la conocida Wallets Lighthing Network en Bitcoin (BTC) o Metamaks, una billetera para criptodivisas.

Coin98

De fácil y sencilla utilización con apps un tanto limitadas. Hoy día la App está disponible solo para iOS y Android. Envía y recibe tokens SOL sin inconvenientes.

Exodus

Permite el recibo, envío e intercambio de criptomonedas fácil y amigablemente. En este momento se encuentra disponible para iOS, Android y Windows. Brinda acceso a consultas de saldo en todo el mundo. Exodus posee gráficos y un sistema de intercambio integral.

Ofrece soporte técnico las 24 horas del día.

Trust Wallet

Se trata de una wallet exclusiva para iOS y Android en la cual pueden ser almacenadas las criptomonedas de la Blockchain Solana (SOL). Su factor seguridad está sujeto a los accesos que pudieran efectuar terceros. Sus desarrolladores sugieren crear un código de acceso privado.

Zelcore

Recibe y envía todos los Tokens establecidos en la Blockchain de Solana (SOL), se trata de una wallet multidivisa. Las cuentas de Zelcore cuentan con tres direcciones independientes. Es posible conectarse, transaccionar y almacenar diferentes dApps. Sus desarrolladores están trabajando para incorporar una DEX y así ampliar capacidades.

Actualmente disponible para Windows, iOS y Android.

Web Wallet para Solana (SOL)

A continuación, conoceremos algunas wallets disponibles para Solana (SOL), disponibles en la red y ubicables desde el navegador de nuestra preferencia. Estas wallets nos ofrecen la oportunidad de acceder a Exchange descentralizadas fácilmente y de manera muy sencilla.

Phantom

Representa la ramificación de un navegador descentralizado, el cual concede acceso a los fondos de Solana de forma segura y sencilla. Permite almacenar, intercambiar, recibir y enviar SOL entre los otros tipos de tokens.

Esta wallet brinda apoyo para "Tokens No Fungibles" (Non Fungibles Tokens - NFT) y para HardWareWallet (HWW) de Ledger.

Se encuentra disponible para Edge, Brave, FireFox y Chrome.

SolFlare

Se trata de una sin custodia desarrollada de manera exclusiva por la comunidad para Solana (SOL). SolFlare admite que sean creadas y administradas cuentas de participación. Se puede recibir y enviar tokens de la Blockchain Solana (SOL).

Disponible en Brave, Edge y Chrome.

BitKeep

Wallet que permite a sus usuarios recibir y enviar tokens SOL provenientes de la Blockchain de Solana (SOL). Esta wallet es compatible con las Aplicaciones Descentralizadas (Decentralized Applications - Apps) de Solana (SOL) sin percances.

Esta wallet se encuentra disponible en la mayoría de navegadores.

Sollet

Al igual que Phantom y SolFare, se trata de una wallet sin custodia que ha sido desarrollada por el equipo de Project Serum. Actualmente se encuentra en fase beta y resulta lo suficientemente fácil, sencilla y práctica de utilizar.

MathWallet

Es una Multi - Wallet con la capacidad de admitir una extensa variedad de criptomonedas. Esta wallet permite recibir y enviar criptomonedas Solana (SOL). Está disponible en Web Version y también por extensión del navegador.

Su disponibilidad para iOS y Android e iOS aún no está habilitada por la moneda digital Solana (SOL).

Hardware Wallets para Solana

Para poseedores de altos montos en Solana (SOL), existe una modalidad mediante la cual podrán acceder a recursos tecnológicos que les permitirán el resguardo de sus fondos y activos de una manera con alto grado de seguridad.

Si lo que se busca es evitar a toda costa un posible ataque o robo de credenciales para el acceso a sus criptomonedas, lo más recomendable es contar con una Hardware Wallet.

Ledger Nano X / Ledger Nano S

Hasta la fecha contamos solo con la información que las únicas

Hardware Wallets que admiten a la criptomoneda Solana (SOL), son las Ledger Nano X y Ledger Nano S.

Ambas wallets forman parte de las conocidas Cold Wallets más sonados actualmente en el mercado, especialmente por su alto grado y nivel de seguridad. Por su parte la wallet Ledger Nano X, posee chips de cifrado y cuenta con detección de infracciones y anti-malware, además tiene integrado el sistema operativo BOLOS, el cual admite la instalación de Apps independientes, sin tener que interconectar ningún tipo de información almacenada.

Wallet online para Solana

Estas vienen a ser aquellas wallets que son ofrecidas por las Exchanges centralizadas. En líneas generales, no es aconsejable descargar y usar este tipo de wallets, y la razón es que las claves privadas no estarán en manos del propietario de las criptomonedas. Como podrás imaginar, las criptomonedas que poseas están 100% vulnerables a sufrir delitos y podrían ser robadas por terceros como también ser bloqueadas por parte de la misma Exchange.

Recientemente la Exchange china, Binance congeló los movimientos a cuentas de la red pagos europeos SEPA por motivos que hasta el momento no ha dado a conocer y no ha especificado. Aunque está claro que nuestros activos pueden ser retirados a través de otros métodos, aquí y con esta situación queda en total evidencia que el riesgo de almacenar criptodivisas en Exchanges centralizadas, representará un riesgo en todo momento tanto para quien almacena, como hemos dicho y para quien recibe y/o envía.

6

SOLANA TO THE MOON

A partir del año 2017, Solana (SOL) comenzó a dar sus primeros pasos, quizás mucho antes; tal vez en la concepción subjetiva de Yakovenko. A la fecha podemos confirmar que esta novedosa criptomoneda ya cuenta en su haber con un interesante y gran recorrido con el que, cumplido con una serie de compromisos, enfrentando imponentes desafíos en un ecosistema comercial y financiero que año tras año ha comenzado a consolidarse gracias a las cada día emergentes monedas virtuales, Blockchains, aplicaciones y demás que buscan un espacio en la red, presentándose como una nueva alternativa económica, mercantil y financiera de avanzada.

Hemos tenido la oportunidad de ver nacer muchas criptomonedas, pero también hemos lamentado como otras se desvanecen y se ausentan definitivamente de la red. Nos ha tocado la dicha de contar con apoyo, respaldo, seguridad, confianza, fidelidad y fortaleza con criptodivisas que hoy por hoy continúan figurando en el ranking digital; como igualmente nos ha tocado la penosa experiencia de presenciar estafas y grandes fraudes por parte de Tokens y otras monedas fugaces, las cuales desaparecen con millones de unidades monetarios robadas o simplemente producto de estafas.

En este ecosistema, lamentamos los malos momentos y desagradables experiencias, pero también nos inspiramos y nos gozamos en aquellas vivencias positivas, que han generado grandes frutos y han beneficiado a millones de personas alrededor del mundo, tras la negociación, intercambio, compra, venta, comercialización y otras actividades positivas que son las que, en esencia, a favor y gracias a la red, son más. Es decir, son más las experiencias buenas que las malas, y es allí; gracias a ellas que todo el espectro criptográfico se mantiene activo, productivo y atento; presto a hacer de sí, un recurso en pro del bienestar sociocultural y económico. Ofreciendo y garantizando estabilidad, una manera también de llamar y captar más y nuevas inversiones.

En la actualidad existen un tanto más de 1.600 criptomonedas, todas distribuidas a través de las diversas plataformas dedicadas a su hospedaje, desde las más especializadas hasta las más modestas. Todas con objetivos claros en buscar satisfacer las necesidades propias del mercado y sus usuarios, además brindar seguridad y garantía en las transacciones y diferentes eventos dados en la red.

Y es que justamente, por tratarse de mercados descentralizados, sin dependencia, supervisión o gerencia por parte de entidades financieras tradicionales, bancos o entes gubernamentales; existe cierto nivel de incertidumbre para muchos o un importante nivel de libertad para manejar recursos con ciertas, determinadas y muy particulares características. Cada criptodivisa es una filosofía distinta, cada criptodivisa lleva su propio ADN, cada criptodivisa es única; quizás pudiésemos llegar a considerar o creer que todos hacen lo mismo, cumplen la misma función, pero por *"algo"* tienen valores diferentes.

Tal vez para alguien hablar de Bitcoin (BTC) y Solana (SOL) es "exactamente lo mismo", y cualquier nombre de alguna cripto le sonará a simplemente "moneda". Y es que, si comparamos el espectro criptográfico con una gran orquesta, nos vendrán algunas preguntas interesantes. ¿Por qué si 20 violinistas, están tocando solo 5?, o "Cuando comenzó la temporada, había 120 músicos, ¿Por qué solo hay 40 músicos?

En alguna conversación común entre amigos o si tomamos la prensa y en ambos casos el tema central son las criptomonedas, estos serán los nombres que estarán sobre la mesa: Bitcoin (BTC), Ethereum (ETH), Dogecoin (DOGE), Cardano (ADA), Solana (SOL); ¡Los mismos de siempre! Posición ganada gracias a su firme persistencia.

Y es que muchas no sobreviven, no superan sus propias expectativas o el mercado mismo, tras su enérgica y cambiante dinámica las obliga a efectuar cambios o simplemente, ceder el paso.

Pero algo que incide e influye de sobre manera y es completamente determinante es el precio que represente en sí una criptomoneda y su capitalización de mercado.

En el formato económico tradicional, ese que conocimos antes de la criptografía moderna y que está regido por las directrices de los bancos centrales de los gobiernos; los precios son fijados por el Estado mismo, quien determina una moneda específica y única de curso legal, respaldada por sus reservas en oro. En este sentido, el uso y valor que se le dé y reciba ese dinero nacional, será establecido por el ente financiero que el gobierno dictamine. La institución determina, firma y publica.

La determinación de precios en una criptomoneda está en una clara y muy definida línea opuesta. El precio y capitalización que recibe una criptomoneda se basa y se consolida en la confianza que esta recibe por parte de sus usuarios, consumidores y participantes; sin embargo, el valor que posea cada criptomoneda viene dado según la oferta y la demanda de sus tokens. He aquí una referencia importantísima si hacemos un comparativo entre moneda digital y moneda tradicional. Ambos sistemas financieros son inmensamente diferentes.

Para una moneda virtual, su valor o precio no dependerá jamás del comportamiento de una economía nacional en específico; ella, la criptomoneda va a obedecer su comportamiento, conforme a la oferta y demanda del token. El hecho de que las criptomonedas sean de procedencia criptográfica, dependiente de una Blockchain, impide que sean controladas. Ellas no van a depender de una reserva que las respalde, como lo hacen las entidades bancarias nacionales y centrales de los países que se rigen por el conocido "Sistema Fiduciario", en el cual se hace necesario controlar el movimiento de dinero circulante efectivo para sus economías puedan desempeñarse; gracias a esta dinámica de control económico, se presentan crisis económicas, como es el caso de lo que sucede en Venezuela.

Las criptomonedas son también vulnerables a conflictos financieros, en ellas va a resultar más sencillo que una situación de declive se pueda presentar; precisamente por tener un ingreso fijo. La caída de su precio por efectos inflacionarios, resulta bastante improbable. El valor de una moneda digital se ampara en particularidades de fácil comprobación: Velocidad de cambio en el mercado, incremento de usuarios, volumen de negociación, entre otros.

En esencia, lo que hace subir o bajar el precio de una criptomoneda lo vamos a encontrar en dos únicos y puntuales ejemplos:

- **Situación A:** En caso de que la transacción se efectúe por parte de dos personas o particulares, el precio que se le otorgue a la criptomoneda, será definitivamente el que ambos acuerden y decidan utilizar para cerrar la negociación.
- **Situación B:** Dado el caso que la operación se efectúe a través de una plataforma digital o una Exchange, la fijación del precio para la negociación estará sujeta al

resultado de cruce en las dos transacciones pautadas por los participantes: Comprador / Vendedor.

Ahora bien, si ponemos atención a los cambios que sufre la red, a sus dinámicas, a la volatilidad y las distintas tendencias, movimientos e ideas, las nuevas invenciones, el análisis se extenderá. Motivado a la agitación constante que sufren los precios en el mercado, Solana (SOL) ha despertado gran interés en distintas organizaciones, empresas e inversionistas.

Últimamente, Solana (SOL) no deja de inquietar al criptoverso, y uno de esos efectos de especial atención lo han causado las bondades propias de su estructura, su posición en el ranking y la relación de precio, valor y capitalización. Son muchos los factores a considerar, evaluar y valorar en torno a Solana (SOL), destacando la proyección de su precio y considerar la posibilidad de hacerse poseedor de esta criptomoneda para incluirla en nuestra wallet de inversiones.

Si viajamos un poco en el tiempo, y nos detenemos el día martes 21 de julio del año 2020, nos vamos a encontrar que ese fue el día 1 de cotización registrado por Solana (SOL). Para su debut, Solana (SOL) abrió en la red con un precio de 0,8729 centavos de dólar americano y cerró en 0,9772 centavos de dólar americano. Así fue el primer día para la debutante.

Por otro lado, y al momento que este artículo es redactado, domingo 7 de noviembre del año 2021; tenemos que Solana (SOL) abrió en la red con un precio de 258,78 dólares americanos y cerró en 249,82 dólares americanos.

La evolución de su precio, en este marco cronológico, con sus respectivas fluctuaciones intermedias ha registrado un incremento de 248,94 dólares americanos; un sorprendente 285.200% muy bien merecido. Ahora, y después de un año y medio nos preguntamos:

¿Debería comprar e invertir en Solana (SOL)?

En definitiva, sí, para los actuales momentos y viendo solo dos extractos históricos de esta criptomoneda, podemos interpretar la evolución de precio paulatino y seguro que Solana (SOL) ha experimentado, y para lo cual reúne todas las cualidades necesarias de ser elegible como moneda digital, digna de inversión.

Solana (SOL) es una elección fabulosa para decidir invertir en ella, no podemos negar bajo ninguna circunstancia que su permanencia y movimiento en la red ha sido muy efectivo, experimentando en más de un año muy buenos números y un puesto de niveles estables en el ranking de las mejores monedas, según CoinMarketCap.-com. Reuniendo tantas y todas estas cualidades tan positivas que posee Solana (SOL), evaluando su comportamiento, entendiendo a esta criptomoneda según sus aportes a la red y convencidos que ella misma nos está manifestando qué es y qué tiene para dar; no podemos caer en disyuntiva o en un dilema *"buscando la quinta pata al gato"*, cuando ya la mesa está servida. Solana (SOL) tiene todas las de ganar y hacerse la criptomoneda mejor preparada para un futuro maravilloso.

Con la confianza depositada en Solana (SOL), dando apoyo a su plataforma, fortaleciendo el token, multiplicando el uso de sus recursos y puntualizando, además de difundir los mensajes positivos, optimistas, entusiastas y motivadores hacia esta cripto; estaríamos contribuyendo a que alcance un aumento tal vez superior al 100% de su valor. En todo momento es imperativo estar muy claro del destino que le daríamos al capital que destinemos para realizar una inversión, aquí una exhortación a no anticiparse a los hechos, pero sí a considerar la opción de estudiar, tratar de comprender el ciclo y actuar para cuando consideres sea el momento propicio; el aquí y el ahora de Solana (SOL).

Una forma apropiada de preparación para una futura inversión es la observación y la indagación, leer la prensa y tratar de entender el comportamiento del objeto producto de mi futura inversión, quiénes son sus inversores, cuál es su nivel en el mercado, tratar en lo posible conocer y familiarizarse con la plataforma, saber qué cantidad de dinero se "puede poner en riesgo" y cualquier otro detalle que permita al interesado conocer lo mejor posible el terreno que comenzará a cultivar y al cual estarán destinados los recursos económicos, obtenidos tras su propio esfuerzo.

Todo lo anterior puede ser tomado o considerado como parte o a modo de guía para orientación hacia la inversión consciente. Pasos muy básicos, sencillos, prácticos y fáciles de realizar. Muchas veces nos dejamos llevar por la pasión, ¡Cuidado aquí! Una criptomoneda de pronto puede estar en una posición y un precio lo suficientemente tentador como para invertir de inmediato, tal vez es una criptomoneda de tendencia y fama insuperables que te dio el tiempo de pasarle el filtro de la razón, y de pronto ocurre un fenómeno fraudulento como el caso de la moneda digital de "El Juego del Calamar", que apareció en la red, ofertó, cautivó, recaudó y estafó. Mucha fama, farándula y diversión y pasión; ¿Por qué no se detuvieron a pensar un poco?, ¿Ver su comportamiento? ¿Atender los anuncios de advertencia?

¿El valor de Solana (SOL) seguirá en aumento? Es como todo, cuestión de tiempo. Dar una respuesta afirmativa o negativa inmediata a esta importante interrogante, podría ser un tanto irresponsable, más si podemos decir que basado en sus estables posiciones y su impetuoso aumento con bajas lo suficientemente leves, con picos realmente cortos, nos están diciendo que por los menos, y a corto plazo; hay una tendencia bastante clara a la estabilidad tanto de su precio como de su capitalización.

Si podemos expresar, que, a partir de ahora, Solana (SOL) estará de seguro mucho más dispuesta a defender su nivel, esforzarse por seguir marcando una diferencia, ya notable y buscar los medios por seguir aportando a la red y abrir y más sus puertas a la llegada de nuevas Apps que elijan su plataforma y su Blockchain como sustento operacional. Todo ello suma y con tantos pros a su favor, nos atrevemos a cerrar este párrafo, eliminando los signos de interrogación de la primera línea, diciendo y afirmando que: Todo lo anterior te ayudará a saber de qué manera "El valor de Solana (SOL) seguirá en aumento".

En este momento una criptodivisa puede estar en la cúspide y en ese mismo segundo, llegar a la base del iceberg.

Debemos tener presente y ser muy conscientes de que existen épocas y temporalidades en las que el mercado tiende a estar relativamente estable, sin embargo; no podemos obviar que cualquier situación económica, social, política, bélica o natural que se presente en la sociedad, podrá afectar y poner en juego el comportamiento y el índice bursátil de la red criptográfica. Es por ello que resulta comprometedor y por demás embarazoso, afirmar que sí, el valor aumentará y Solana (SOL) se disparará a las nubes; todo podría depender de la gran agitación que se dé para ese justo momento, en el mercado virtual.

Si la decisión, conforme a la evolución que ha manifestado el comportamiento y crecimiento del precio de Solana (SOL), es invertir cierta cantidad de dinero; es realmente importante comenzar a hacer un monitoreo constante sobre cómo se comporta tu moneda y cualquier tipo de movimiento inherente a la plataforma, Blockchain, Apps, capitalización, y todo cuanto signifique actividad numérica y dinámica en el ecosistema de la red criptográfica. Aquí es oportuno apoyarse en las distintas opiniones y análisis que son publicadas y emitidas por profesionales y expertos, capaces de emitir predicciones, bastante próximas a los hechos y la realidad.

Una predicción a largo plazo, es vacilante y difícil de sostener, sin embargo, es un fenómeno social que los usuarios suelen aplaudir. De todas las personas que invierten en criptomonedas, la mayoría anhela garantizar una inversión de capital y recursos sostenibles a largo plazo. Vivir a cada momento atento, pendiente, al día con el movimiento o curso diario de una moneda virtual, podría lucir una dinámica estresante para algunos (la mayoría), pero fascinante para otro grupo (la minoría); esta situación puede llevar con total seguridad a tomar la decisión de hacer alguno movimiento erróneo y sufrir pérdidas de recursos.

Si el agite diario, el cambio de dígitos de las criptomonedas constantemente en una pantalla es angustiante para ti; entonces opta por realizar inversiones a largo plazo, esta opción te permitirá estar más tranquilo, contar con más tiempo libre y estudiar un poco más la actividad financiera y mercantil en lo concerniente al espectro criptográfico, del cual ya el inversionista, pasará a ser parte de la comunidad, de la red y del sistema económico virtual.

Observar, escuchar, leer, comprender, ser analítico y decidir en momentos de razonamiento determinante; ayudará a dar uso apropiado tanto a los fondos invertidos como los bienes a recibir. Siempre atentos a los movimientos de la criptomoneda que se ha decidido adoptar como recurso de inversión. Recuerda, Solana (SOL) se mantiene y crece.

Competidores de Solana

Con algo más de un año y medio de existencia en la red digital criptográfica, Solana (SOL) ya se posiciona en el cuarto lugar como la mejor moneda del mundo, superando expectativas y dejando sorprendido a sus seguidores, expertos y pronosticadores. Se crece en precio y capitalización acercándose cada día más a un interesante rival. Y es que cuando decimos "rival", sabemos que no es el contrincante que se debe derrotar; nos referimos a la sana y profesional capacidad de ir creciendo, desarrollando y mejorando en estructura y en principio pues, competir contra uno mismo buscando ser cada vez mejor.

Entonces cuando la superación subjetiva comienza a dar sus frutos, se comienza a transformar una energía exterior que, cuando quienes nos rodean la perciben y notan cambios de importancia e interés; se desata en ocasiones una batalla por conquistar o mantener una posición, una propiedad o un estatus. Es inevitable que se permita dejar perder o dejar ganar sin hacer nada. Todo en la vida es cuestión de actitud y supervivencia, sentirse o ser en realidad el más apto. La verdadera respuesta y resultado a una situación de rivalidades, está en la manera como sea manejada una carrera, una competencia.

En la cotidianidad competimos por todo y contra todo, ya que la vida misma no exige ser competentes, y al ser competentes; también debemos ser justos y reconocer en cuál o qué momento es el indicado para dar paso al relevo, a nuevas energías e ideas, aceptando y adaptándonos a los cambios con la mejor disposición.

Cuando un recurso humano o material se presenta en la escena de vida con una imagen fresca, nueva, enérgica, con disposición, espíritu emprendedor, sentido de colaboración, con nuevos aportes y propuestas factibles y efectivas; se va a generar una carrera por tratar de superar todo ello. Ahora bien, si la carrera se lleva a cabo de una manera justa, entusiasta, con el mejor cumplimiento de normas, pautas y reglamentos; todos los competidores verán a un solo ganador, ese que se hará campeón, será bienvenido por todos, aplaudido, reconocido; y su estrategia de lucha será admirada y digna de imitar. Todos estarán dispuestos a ser cada vez más capaces, productivos y convencidos de actuar por un bien común y prepararse constantemente.

Toda esta analogía la llevamos a la red criptográfica y nos imaginamos a miles de monedas "rodando" por la autopista de las finanzas digitales, la compra, venta, intercambio, etc. y tal cual una maratón; muchas se van quedando en el camino, mientras otras se mantienen con paso firme, con la sola diferencia que a medida que avanzan van sembrando y dejando aportes a favor de quienes aún se mantienen en la lucha y por sí mismas.

Y es que de eso se trata. ¿Cuántas veces tenemos que pasar por un mismo lugar una y otra vez en una misma competencia?, ¿Cuántas veces el delantero de un equipo de fútbol se enfrenta a la portería contraria en los primeros 45 minutos de juego? Analizando el ejemplo de la carrera e interpretando las preguntas, es fácil entender que una criptomoneda podrá pasar varias veces por la misma posición en el ranking de mercado, está en sus desarrolladores y todos sus participantes lograr para ella escalada con todo el impulso posible. No digamos que todas las monedas digitales quieran llegar a ser Bitcoin (BTC), pero de seguro quieran soñar con ser número 1.

Entonces a partir de allí, veamos quiénes son los competidores de

Solana (SOL) o contra qué o quién compite esta plataforma que, en las últimas horas de la segunda semana de noviembre del año 2021, impresiona con su escalada de posición entre las cuatro mejores.

Ya para el último trimestre del año 2021, hemos visto unos movimientos sorprendentes en torno a la convivencia que ha marcado la actividad del mercado de las más destacadas criptodivisas y que mantiene en vigilia a los participantes de la red, captando toda su atención y despertando más inquietud en los inversores del criptoverso que se mantiene en actividad transformadora.

Ante esta situación, otros; los mercados globales reaccionan haciéndose una serie de interrogantes, pretendiendo dar respuesta a qué es lo que sucede, cuáles son las novedades que se avecinan, por qué hay tanto revuelo, en qué momento comenzó todo este agite, movimientos, cambios y quien es el responsable o protagonista que sorprendentemente está aportando en positivo frente a proyectos conocidos, por mencionar algunos: Cardano (ADA), Ethereum (ETH) y Bitcoin (BTC). Pues bien, todas las inquietudes y consultas tienen su respuesta; para este caso es Solana (SOL), un token que impresiona en tan poco tiempo ha alcanzado un impresionante crecimiento de 8.600% para el año 2021 y que en el Top 10 de las mejores monedas virtuales por capitalización de mercado, superándose a sí misma, hasta llegar a un excelente cuarto lugar, con algo más de 74.000 millones de dólares americanos en su valor y precio superior a los 247,00 dólares americanos. Un movimiento que sorprende.

Si nos enfocamos en uno de los portales web financieros más importantes del mundo y revisamos sus listas, vamos a encontrarnos con que el token de Solana (SOL) es el criptoactivo de más evolución y mayor crecimiento durante el año 2021, superando un tanto más de 20 veces la tasa de expansión de Ether, la unidad que representa la plataforma Ethereum (ETH) y en más de 110 veces la tasa de expansión de Bitcoin (BTC).

Para el pasado mes de septiembre el crecimiento de Solana (SOL) fue de 400%, en torno a esta situación y a una relevante persuasión de mercado, expertos y conocedores, apuntaron hacia el token SOL, alegando que la Blockchain Solana (SOL) estaría demasiado cerca de imponerse sobre Ethereum (ETH), un cercano competidor, aunque teniendo de por medio a Binance. El cuarto lugar que hoy ocupa Solana (SOL), le impregna solidez y robustez, le brinda confianza y optimismo a sus seguidores, mientras se fortalece como plataforma a nivel general.

Solana (SOL), vio la luz con un propósito; y ese propósito es el de llegar a ser una alternativa y una opción que satisfaga grandes necesidades de la red y que esto le permita convertirse en la segunda mejor criptomoneda del ecosistema, por capitalización de mercado. En ello está inmerso un gran objetivo y del cual no dudamos en lo absoluto, las evidencias así lo demuestran y estas evidencias son precio, capitalización y posición.

Adicionalmente a ello, debe reconocerse de igual manera la eficiencia con la cual opera esta plataforma en comparación a otras Blockchain que han sido utilizadas como referencias para la creación de nuevas soluciones descentralizadas, además de ser una red rápida cuenta con una capacidad de adaptabilidad extrema. Todo ello le hace ganar importantes competidores, llámese uno de ellos: Ethereum (ETH)

Solana (SOL) posee una cualidad muy valiosa de sustento como base o estructura muy bien edificada, y es que cuál piedra angular; el proyecto Solana (SOL) posee toda una configuración muy bien elaborada que le permite sobresalir entre todas al momento de dar solución a ciertos problemas o cuellos de botella que se suscitan incluso dentro de la Blockchain de Ethereum (ETH) que en ocasiones se le dificulta su normal desenvolvimiento dentro del mundo real.

Solana (SOL) tiene en su haber un recurso tan grande y poderoso, que se le considera su gran valor. Se trata de dar solución al muy conocido "Trilema de la Blockchain". Es decir, no poder lograr tres cosas en un mismo momento. Estos tres elementos del trilema son:

Seguridad - Rendimiento - Descentralización.

El desarrollo de una cadena de bloques, capaz de solventar esta polémica contradicción y que tenga esa capacidad de aportar aplicaciones factibles al mundo verdadero, en particular al de "Finanzas Descentralizadas" (Decentralized Finance - DeFi), en la cual fueron muchas las propuestas de otras plataformas que ofrecieron salida, pero no las aportaron o no lograron cumplir y rivalizaban con Ether de Ethereum (ETH) tras este objetivo, y en el momento menos esperado, llegó a la red criptográfica por parte de Solana (SOL) la solución a un tema que parecía lejos en el tiempo.

La escalabilidad de Solana (SOL) es una de sus características más relevantes como proyecto, algo que representa un serio problema bastante común y que las otras plataformas Blockchain deben afrontar. A esto debemos, obligatoriamente agregar la extraordinaria rapidez que posee y la facultad de procesar hasta 50.000 transacciones por segundo, convirtiéndola en la red más avanzada en esta etapa y con grandes cambios tecnológicos.

Todo esto ha hecho que Solana (SOL) le quite el sueño a desarrolladores de Ethereum (ETH) y sus más cercanos vecinos en el ranking de las mejores criptomonedas y además, despertar grandes intereses e inquietudes en organizaciones institucionales como inversores particulares, quienes confían en que habrá un futuro prometedor para Solana (SOL), a lo cual estamos convencidos; se seguirán sumando más y valiosos prospectos que por su confianza e inversión, harán un nuevo ¡Boom! a favor de Solana (SOL), cuyos competidores se verán obligados a innovar.

Especialistas, expertos y conocedores destacados en la materia, convergen en un mismo punto, destacando prácticamente al unísono que existe una característica exclusiva y determinante, que viene a hacer de Solana (SOL) única en tal condición, y es la implementación de una tipología o genealogía novedosa para la verificación de sus nodos, inspirada en un sistema de *"Prueba de Participación"* (Proof of Stake - PoS) debida y cuidadosamente endosada que da origen a un mix de protocolo de consenso que se basa en el aspecto histórico y cronológico de la red. El token ha desarrollado un nuevo modelo complementario para la comprobación único y especial que ha sido llamado *"Prueba de Historia"* (Proof of History - PoH), ofreciendo las posibilidades más escalables del ecosistema cripto, al estilo *"Prueba de*

Trabajo" (Proof of Work - PoW). PoH es garantía real de tiempo en eventos y sucesos que se presenten segundo a segundo en la red.

Un punto de agrado adicional, es que este nuevo protocolo de consenso ha sido efectivo en la reducción de costos por transacciones en la red, es decir; qué se está invirtiendo un tanto menos en lo que a tarifa GAS se refiere. En esencia y resumiendo, hemos encontrado frente a nosotros una Blockchain altamente eficiente, con recursos necesarios para la resolución de problemas online, desigualdades de ancho de banda entre los participantes, entre otros; gracias lograr una razonable disminución de costos, una gran y maravillosa velocidad, y para detalle principal; la creación de su sistema *"Prueba de Historia"* (Proof of History - PoH), permitiendo la comunicación efectiva entre los nodos de la Blockchain o cadena de bloques.

A pesar de que Solana (SOL) se diferencia de las demás por ser una plataforma tan prometedora, los especialistas de la comunidad digital mantienen viva la incertidumbre sobre si, Solana (SOL) finalmente se convertirá en una competidora declarada para Ethereum (ETH), imponiéndose sobre ella y otras criptomonedas, o se invertirá la ecuación; y sea Solana (SOL) a la cual se le cree un grupo de competidoras que también se consolidan en Blockchain con aplicaciones a la vida real, tal y como la conocemos. Todas ellas estarían prácticamente obligadas a superar toda la arquitectura que hasta hoy ha construido Solana (SOL).

Dentro de este clima de cambios importantes, desarrollo veloz y competencia dura, consideramos un tanto difícil de creer que una vencedora surgirá de entre las criptomonedas que hoy existen, o que, por el contrario, aparecerá una nueva Blockchain en los próximos días, semanas, meses o años. Es por ello que debemos estar vigilantes y al día con hacer un seguimiento propicio a todo lo que acontece en la red o estar informado de lo más relevante.

Son muchas las opiniones que sobre el tema de competencia desde y hacia Solana (SOL) se generan. Y pensamos que no se trata de una competencia para vencer o derrotar, no consideramos en una competencia que deje fuera del juego a una de las partes, ni tampoco que entre los competidores surjan lesionados. Como partícipes del sistema económico digital, apostamos a una competencia por dar cada día más, por sedimentar conocimientos, programas de desarrollo; nos enfocamos en una competencia de construcción y mejoras, una batalla en la una de las partes vea lo mejor de la otra, y aportar alguna mejora o complemento efectivo.

Solana (SOL) goza de tener estigmatizadas sus propias características diferenciadoras que la hacen prevalecer sobre las demás, y mencionamos algunas:

- Es una Blockchain con la más alta capacidad de procesamiento frente a otras Blockchains.
- Cada 400 milisegundos, genera la creación de un bloque. La número uno: Bitcoin (BTC) crea un bloque cada 10 minutos, mientras que Ethereum lo hace en 20 segundos.
- Las comisiones por transacción de Solana (SOL) logran ser reducidas a 0,000005 SOL, un estimado de 0,00065 centavos de dólar americano.
- No es para nada necesario trasladarse a la Segunda Capa. De esta manera queda suprimido el riesgo de exponerse al conflicto de salida masiva, situación que por el contrario si afecta a otras Blockchains.
- No se necesita en lo absoluto realizar ningún tipo de fragmentación a la Blockchain en partes, propuesta que hace Ethereum 2.0 y que para Solana (SOL) no hace falta.

SOLANA (SOL) FUE desarrollada desde el año 2017, pero su actividad en la red criptográfica se inició en el año 2020 y desde marzo de ese año opera en su MainNet Beta. Para la fecha, aún no dispone de un roadmap lo suficientemente claro, definido y detallado, lo cual trae como consecuencia, que no se tenga ni se disponga de información precisa que establezca una fecha hasta la cual abandoné el sistema de operación o aplicación en modo Beta. Antes de esto, Anatoly Yakovenko, asegura a la comunidad que el paso siguiente, de importancia que le desea dar a Solana (SOL), es la incorporación y afiliación de nada más y nada menos que 1.000 millones de nuevos usuarios. Una meta lo suficientemente ambiciosa, que en condiciones actuales; no está ni se ve difícil de alcanzar si evaluamos el crecimiento histórico del token, la motivación y la captación de sus primeros seguidores.

Yakovenko es un personaje de excelentes relaciones públicas, de fácil entrada a grupos y con estrategias de socialización que le han permitido múltiples oportunidades. Y si de competir también, contra sí mismo, por darle a Solana (SOL) un número mayor de seguidores a favor de su crecimiento tanto en recursos humanos, como económicos que redundarán en materiales; demos por seguro y garanticemos que así lo hará. Convencidos estamos de que los proyectos competitivos de Solana (SOL), comenzarán por mejorar en casa y desde cada, luego a la plataforma y de allí a todo el ecosistema. Esto y mucho más será la Solana del futuro, la vemos iniciarse a corto plazo.

Competencia, competidores; proyectos, desarrollos; oferta, demanda. A ello agregamos experiencia y compromiso. Solana (SOL) está transformando la red digital desde su más profundo interior y la comunidad la respalda. Más que competir Solana (SOL) está por rodearse de competidores; el ecosistema merece una competencia en la cual los contrincantes entren a la arena a luchar, pero armados con las más efectivas y oportunas soluciones.

7

LOS MEJORES PROYECTOS DESARROLLADOS EN SOLANA

Si sobre popularidad, notoriedad y reputación criptográfica hablamos, definitivamente no podremos dejar a un lado a la criptomoneda más mediática del ecosistema digital. Solana (SOL) es un tema obligatorio de conversación, y no solo por su precio, capitalización de mercado, rapidez y escalabilidad, por su aporte de grandes soluciones computacionales de primera línea por ella aportadas o por ser la cuarta mejor moneda del mundo y con el mayor crecimiento integral; sino también por la estructura que está detrás de las cámaras, lo cual complementa un maravilloso compendio de cualidades únicas y que todas están en mismo lugar, en una misma Blockchain, no es necesario buscar en otras lo que consigues en una.

Producto de esto, ocurre que son entonces numerosos los programas, planes y proyectos que desde Solana (SOL) se desarrollan para ejecutar y poner en práctica, al servicio del token y de la comunidad de usuarios. Muchos proyectos desarrollados en Solana (SOL) encontraron allí, la guinda sobre el pastel. Un software acorde, un ambiente a la medida, protocolos apropiados, respuestas inmediatas y en esencia; el lugar para hacer actuar con libertad alternativa con fundamento en una Blockchain de alto nivel, respaldada por un staff multidisciplinario de desarrolladores dedicados a garantizar la integridad de Solana (SOL) para su permanencia en la red.

A continuación, presentaremos solo algunos de los muchos proyectos desarrollados en la red Solana (SOL), que conocerás y te invitamos profundizar en ellos y en otros, comprobando la apertura que tiene esta Blockchain a favor del ecosistema criptográfico.

Only1 (LIKE)

Se trata de un proyecto que está centrado en brindar una nueva opción como plataforma al mejor estilo de red social RRSS completamente descentralizado, que aspira beneficiarse del gran potencial inherente en los "Tokens no Fungibles" (Non Fungibles Tokens - NFT) y sumado a un conjunto de primacías y oportunidades que ponen a disposición las conocidas "Finanzas Descentralizadas" (Decentralized Finance - DeFi). Este proyecto busca alcanzar un desarrollo sostenible con ciertas semejanzas a las ya conocidas redes sociales RRSS conocidas y que son centralizadas. Only1 (LIKE) es una plataforma de socialización en la cual sus usuarios necesitarán crear su perfil público a través de una validación KYC, posteriormente generar el contenido deseado en formato NFT, mediante un mecanismo conocido como proceso Génesis.

Una vez creada la comunidad, se comienzan a obtener seguidores o fans del perfil, estos seguidores del creador de contenido, tras interactuar en la red social RRSS, podrán comprar o adquirir el contenido de su interés, con el token nativo de la plataforma que lleva por nombre Like. Es importante señalar que los seguidores tienen la libertad de hacer staking en los perfiles de los generadores o creadores de contenido, esta es una estrategia muy importante, ya que les permite a los creadores, otorgar recompensas a sus seguidores, producto de sus mismas ganancias.

Only1 (LIKE) es una práctica demostración interactiva donde la filosofía Ganar-Ganar se demuestra al 100%, acá; si quieren, todos ganan.

Un dato adicional e interesante es que los usuarios de Only1 (LIKE), pueden solicitar en calidad de alquiler el contenido que publique alguno de los creadores por ellos seguidos, entonces; y a partir del mismo el usuario lo utilice y así tenga la posibilidad también de generar o crear su propio contenido, partiendo de la base establecida en el perfil de otro creador. Esta modalidad es ideal para prolongar la difusión de contenido y el crédito de los participantes creadores de material digital de fácil negociación y comercialización. Es una manera bastante atractiva y divertida que permite tomar el mejor provecho sobre la tendencia que como cualidad posee la red social RRSS para percibir ganancias, de la cuales el creador original, recibirá regalías correspondientes producto de la publicación. Una forma más de estar cerca y conectados el creador y sus seguidores.

MoonLana (MOLA)

También se trata de un proyecto descentralizado, autodenominado como proyecto de plataforma comunitaria y al que la gran mayoría identifica como la plataforma del Meme Coin y de segunda generación. Para saber si en efecto se trata de un Meme Coin, conviene revisar sus características y aquellos aspectos que bien podrían ser parecidos o con gran similitud a los que sí son en esencia un MemeCoin.

Demos un vistazo y pausada lectura a la siguiente información de características de cuentas con rasgos propios de MemeCoin.

Supply: Aunque su cantidad no es parecida a la de otros proyectos, es bastante alta. Es realmente enorme y muy elevada, impidiendo que el token logre aumentar su precio en forma considerable y representativa; pues se trata de 4.000.000.000.000 billones de tokens

Precio: Se caracteriza por contener una cantidad elevada de ceros delante, algo bastante común en los distintos proyectos memes. Aquí aplica una razón netamente de intenciones y propósitos psicológicos que afecta por lo general a nuevos inversores, haciéndoles creer que el precio es verdaderamente bajo; creando la falsa ilusión que si en algún momento, el precio del proyecto alcanzara el valor de 1,00 dólar americano, su inversión los haría millonarios.

Marketing: Los planes de publicidad y mercadeo de este proyecto son realmente fascinantes, cuentan con un estilo maravilloso y se diseñan campañas de gran alcance; una herramienta muy bien manejada que le permite la consolidación de una comunidad numerosa y bastante fuerte. Un ejemplo de ello lo tenemos en Shiba Inu, cuyo plan de marketing sigue dando excelentes resultados.

Este proyecto resulta ser muy interesante y posee una serie de características que lo diferencian de los demás:

Autogestiona su intercambio: MoonLana (MOLA), desarrolla su propio programa descentralizado de intercambio, dentro del cual se efectúan negociaciones en materia de NFT, música, logos y otros activos de importancia Blockchain para este mercado. Para adquirir estos activos, se debe interactuar con su token nativo.

Juego: Ya tenemos conocimiento qué posee un juego, sin embargo, este se mantiene en reserva y no se cuenta con detalles descriptivos sobre el mismo.

Tools: Registrada bajo el nombre de LanaTools, cuenta con su propia plataforma. Esta ofrece algunas ventajas de interés como por ejemplo las subrayadas alertas de precio, rastreo de proyectos nuevos y gráficos de activos entre una resaltante variedad.

Mango (MNGO)

En este caso estamos hablando de un proyecto perteneciente a una *"Organización Autónoma Descentralizada"* (Decentralized Autonomous Organization - DAO), con la cual se pretende dar con la creación de una plataforma de mercado criptográfico completa y totalmente integral, que cumpla todos los requerimientos que la red y la web actual, exigen. Se quiere concebir como uno de los proyectos digitales más ambiciosos posible, buscando convertirse en la gema del ecosistema virtual.

Mango (MNGO), ya se define y es una plataforma de mercado y de intercambio criptoactivos descentralizada tal cual como una DEX (Decentralized Exchange). Mango (MNGO) resulta ser mucho más completo, ya que nos da la libertad de colocar órdenes en el precio que desees comprar, está abierta a los apalancamientos, activa las alertas de precio; entre otras funciones. Podemos decir qué Mango (MNGO) es una perfecta fusión de CEX (Centralized Exchange) y DEX (Decentralized Exchange).

Sobre Mango (MNGO), es importante considerar:

Supply: Su suministro monumental, ya que cuenta con una circulación mínima de 1.000.000.000 y una circulación máxima de 10.000.000.000. Lo cual va a imposibilitar al activo para que pueda alcanzar un precio más alto y elevado, situación no muy bien vista por actuales y nuevos inversores.

Dónde comprar: Por lo novedoso del proyecto, solo es posible comprar a través de FTX.

Ingreso pasivo: Es posible recibir pagos y ganancias, pero solo de manera pasiva, otorgando préstamos desde la misma plataforma.

Respaldo: Este proyecto cuenta con el respaldo y apoyo de la organización Alameda Research.

Tendencia: Dada su nueva data de fundación, aún no es posible determinar la tendencia que pudiera tener el proyecto. La invitación es a realizar compras escalonadas y así entrar a ellas.

Ahora bien, otros grandes y destacados proyectos a resaltar en

Solana (SOL), que han representado ingresos portentosos, los tenemos en Grape Protocol, y del cual hablamos detalladamente en el capítulo 1 de esta obra, el cual logró recaudar 600.000 dólares americanos. Por otro lado, tenemos a Parrot Protocol que logró captar más de 69 millones de dólares como parte de una propuesta inicial de la plataforma DEX (Decentralized Exchange). Parrot Protocol contó entre su grupo de inversores en entes de renombre, entre los cuales están Alameda Research, QTUM VC. Parrot y Simo Global Capital.

En contraparte a lo que se hace en Grape Protocol, QTUM VC. Parrot se sustenta en la stablecoin PAI, aunque para tramitar su "Oferta Inicial de Exchange Descentralizada" (Initial DEX Offering - IDO), Parrot determinó crear y publicar su token nativo y darlo a conocer con el nombre de PRT, permitiendo a los usuarios de la Blockchain, efectuar retiros de sus ingresos, sin tener que afectar los recursos de la "Granjas de Rendimiento".

Larix es otro de los proyectos desarrollados en Solana. El primer récord de este desarrollo está en que su valor estimado, en tan solo tres días; se disparó de 1,7 millones a 119 millones de dólares americanos. Huobi Global y Polygon, junto a la red Solana fueron sus primeros inversores.

El último trimestre del año 2021 ha sido alentador para Solana (SOL) en todo sentido. Haber alcanzado una posición de tanta importancia como la cuarta mejor criptomoneda del mundo, ha generado revuelo dentro y fuera de la red, su precio, aunque con leves bajas; posee altos niveles de crecimiento. La firme consolidación de su arquitectura computacional y las herramientas de solución desde su Blockchain entre sus muchos tantos aportes le abren paso a continuar creciendo. Y como seguidores, usuarios y prospectos; aseguramos que su número de clientes y participantes directos irá en franco aumento, según el anhelo de Yakovenko; hacer crecer su proyecto, y desde Solana (SOL), dar apoyo a la Fundación Solana, formando y apoyando con programas educativos a la comunidad internacional.

La dinámica continúa, la red se agita y Solana (SOL), debe

apostar a seguir en vuelo indetenible, traspasando fronteras que la fortalezcan y consoliden el ecosistema digital financiero.

El auge de los NFT en Solana

En la actualidad nos hemos visto inmersos con más frecuencia en un mundo de relaciones y actividades a distancia, vivimos una nueva normalidad y esta incluye la interacción online, desde donde la dinámica mundial ha generado grandes cambios.

Entre unos y otros fenómenos, nos vamos directo a los movimientos y actividades del criptoverso, y allí no encontramos a Solana (SOL) y a la par, una serie de proyectos, desarrollos, procesos, protocolos y Apps con características actualizadas y novedosas; pero hay un suceso particular y de impacto, el fenómeno de los "Tokens No Fungibles" (Non Fungibles Tokens - NFT), que en ciertos y determinados momentos llega a niveles de muy alta temperatura desde la Blockchain de Ethereum (ETH) pero que ahora pasan a Solana (SOL). Son cuantiosos los proyectos de "Tokens No Fungibles" (Non Fungibles Tokens - NFT) que se comienzan a levantar y a conformar dentro de Solana (SOL), gracias a bondades y facilidades que brinda la Blockchain.

La red dispone de una Blockchain de alta gama y de código abierto que brinda gran escalabilidad y que, entre muchas características, tiene la posibilidad de soportar Smart Contracts. Solana (SOL) nos brinda una plataforma descentralizada, de alta escalabilidad y que sustituye el mecanismo de consenso por su propio protocolo de consenso "Prueba de Historia" (Proof of History - PoH).

Solana (SOL) emplea el hash de la transacción final para crear el hash de la transacción siguiente. Es esto lo que se conoce como orden claro de las transacciones, produciéndose una cadena extensa de transacciones. Este proceso automáticamente elimina la marca de tiempo o TimeStamp, mecanismo ineludible para Bitcoin (BTC) y Ethereum (ETH).

Conozcamos un poco más los "Tokens No Fungibles" (Non Fungibles Tokens - NFT)

Es este el nombre con el cual se designa a los elementos no divisibles, que son coleccionables y se almacenan en la Blockchain. Los "Tokens No Fungibles" (Non Fungibles Tokens - NFT), archivan todos los datos del creador, cuáles son las características del token y la información de su poseedor. Estos pasos son fundamentales para que, de esta manera, se pueda evitar cualquier tipo de falsificación, y así garantizar un elemento único.

Hoy por hoy, los "Tokens No Fungibles" (Non Fungibles Tokens - NFT), gozan de mucha popularidad, permitiendo consolidar una estructura comercial de millones y millones de dólares americanos. Toda la información que corresponde a los "Tokens No Fungibles" (Non Fungibles Tokens - NFT), se mantiene disponible estando protegida, evitando su falsificación o robo.

Solo hasta hace algunas cuantas semanas atrás los "Tokens No Fungibles" (Non Fungibles Tokens - NFT), estaban rebosando la copa de Ethereum (ETH), pero el hecho de tener comisiones tan elevadas, motivó nuevas acciones en la comunidad. Una vez que Solana (SOL) hizo su aparición, se generó un efecto a través del cual fueron muchos los creadores y desarrolladores que comenzaron a idear soluciones a favor de los "Tokens No Fungibles" (Non Fungibles Tokens - NFT) con el sostenimiento de la Blockchain de Solana (SOL). Un proceso ultrarrápido y la creación de los "Tokens No Fungibles" (Non Fungibles Tokens - NFT) más económicos, fueron suficiente para experimentar el gran éxodo hacia Solana (SOL), provocado por las desventajas que otras plataformas comprobaron, y contra la cual no hubo nada que hacer. Esta situación o condición se mantiene.

Existe un número inmenso de tiendas de *"Tokens No Fungibles"* (Non Fungibles Tokens - NFT) y de juegos activos y que se encuentran en fase de desarrollo que van a un ritmo indetenible, gracias a Solana (SOL). Tengamos presente que esta Blockchain aún no llega a los dos años de actividad, razón por la cual posee un pequeño número de proyectos desarrollados sobre sí.

Actualmente se registra un número escaso de los proyectos *"Tokens No Fungibles"* (Non Fungibles Tokens - NFT) en la plataforma de Solana (SOL), y muchos de los que existen aún no se encuentran en funcionamiento pleno o están en una fase no operativa. Los proyectos en sí, son pocos, esto es causa de que la gran mayoría sigue utilizando la Blockchain de Ethereum

Los *"Tokens No Fungibles"* (Non Fungibles Tokens - NFT), reciben cantidad de críticas, las cuales giran en torno a que se genera duplicidad indiscriminada de grandes proyectos de Ethereum (ETH). También hay quienes hacen sus críticas sobre el equipo de desarrolladores externos de Solana (SOL), insistiendo en que estos realizan CopyCat (copia de tokens) de los *"Tokens No Fungibles"* (Non Fungibles Tokens - NFT). Conviene dejar en claro que esta probable copia de NFT no es aislado, pues para el pasado mes de marzo, una situación irregular por parte de Binance Smart Chain en proyectos como Euler Beats o Cripto Punks, "Tokens No Fungibles" (Non Fungibles Tokens - NFT) de Ethereum fueron replicados.

Esta es una situación, si bien algo irregular; se lo considera *"algo más o menos normal"*, por el hecho de que ciertos grupos de desarrolladores aprovechan la oportunidad de *"hacer caja"*.

Un número importante de participantes pide a Solana (SOL) que haga esfuerzos en despertar la originalidad y la creatividad, mientras que otros ven con buenos ojos el tema de migrar a Solana (SOL), pues de esta manera se les autoriza a los creadores de "Tokens No Fungibles" (Non Fungibles Tokens - NFT) e inversores; crear sus tokens, mercadearlos y ofertarlos mediante comisiones bajas en Ethereum (ETH).

Algunos tipos de proyectos de "Tokens No Fungibles" (Non Fungibles Tokens - NFT) en Solana que pueden destacar, ya lo han hecho o desaparecerán.

Solanart

Es un market de *"Tokens No Fungibles"* (Non Fungibles Tokens - NFT) con funcionalidad desde la Blockchain de Solana (SOL), brindando a sus participantes un espacio para la compra y la venta de "Tokens No Fungibles" (Non Fungibles Tokens - NFT) lo suficientemente práctico y sencillo. Ha sido concebido bajo la imagen de un MarketPlace

En Solanart los *"Tokens No Fungibles"* (Non Fungibles Tokens - NFT) no son almacenados, lo que se hace es generar una cuenta temporal y también se genera un contrato inteligente o smartcontract con el token de la Blockchain Solana (SOL) y su precio.

- **Solania:** Un proyecto de *"Tokens No Fungibles"* (Non Fungibles Tokens - NFT) muy fuera de lo común en el cual se comercializan planetas con características muy propias. En una ocasión fueron puestos en preventa inicial, la cantidad de 10.000 planetas únicos y los que no se vendían; eran destruidos. Solania logró la venta de todos los planetas iniciales coleccionables de su catálogo. Por el momento no existen detalles sobre este proyecto.
- **FTX:** Es un Exchange que ofrece una sección de "Tokens No Fungibles" (Non Fungibles Tokens - NFT), basada en la Blockchain de Solana (SOL) y Ethereum (ETH). En FTX se nos da la posibilidad de crear y negociar con "Tokens No Fungibles" (Non Fungibles Tokens - NFT). El precio por cada NFT es de 10 dólares americanos. Cuando esta plataforma fue abierta al público, sufrió un duro ataque spam. Motivado a ello, el precio de creación pasó de 10 a 500 dólares americanos por unidad.
- **Solanimals:** Se trata de un interesante proyecto que plantea la cría de animales, algo así como una adaptación de la famosa CryptoKitties. Para los actuales momentos se encuentra fuera de servicio por motivos de reconstrucción.
- **Panda Fraternity:** Es otro proyecto de impulso al afecto

animal. Se trata de coleccionar osos panda en formato de *"Tokens No Fungibles"* (Non Fungibles Tokens - NFT) que conforman y hacen vida en una fraternidad animal. Consta de emitir 10.000 pandas en fase inicial para financiamiento del proyecto. 500 pandas fueron emitidos en "Tokens No Fungibles" (Non Fungibles Tokens - NFT), tras un proceso de preventa, quedando 9.500 para la comercialización abierta al público. Fecha de la fase: 11 de septiembre de 2021.

- **Metamarket:** Se trata de un *"Exchange Descentralizada"* (Decentralized Exchange - DEX), que está fundamentada en Serum de Solana (SOL) que incluye una tienda de "Tokens No Fungibles" (Non Fungibles Tokens - NFT). Un punto de interés con este proyecto es que se encuentra en GitHub, como una aplicación de código abierto, en formato base para desarrolladores.
- **Swanlana:** Entre los proyectos más atrayentes que encontraremos en Solana (SOL), Swanlana es uno de ellos. Todo ello porque se trata de una "Exchange Descentralizada" (Decentralized Exchange - DEX), la cual contará con un apartado para "Tokens No Fungibles" (Non Fungibles Tokens - NFT) más la implementación de una red social RRSS relacionada con Solana (SOL). Aunque se encuentra en fase de construcción, la red aguarda su lanzamiento con mucha inquietud y entusiasmo.
- **Ninja Protocol:** En la red nos encontramos con mercados muy variados. Desde marketing para vender, comprar y crear *"Tokens No Fungibles"* (Non Fungibles Tokens - NFT), hasta creación al azar de NFT. Este proyecto llamado Ninja Protocol, se trata de un juego en formato multijugador que obtendrá NFT, algo que recientemente te está cada vez más común. Este proyecto de juego nos lleva en un viaje a los tiempos de los soldados samuráis en la época de los Shoguns. De momento la información es escasa y el proyecto se encuentra en fase de desarrollo.

- **Circlepod:** Dado el confinamiento producto del COVID-19, nos vimos y aún estamos, trabajando desde muchos desde casa. Por tal motivo, han aparecido cantidades de plataformas para transmisiones online y en vivo, con la intención de mantener la comunicación activa y generar contenido de interés global. Circlepod, se presenta como una opción y un recurso para creación y generación de contenido de próxima generación dentro de la Blockchain Solana (SOL), que incorpora "Tokens No Fungibles" (Non Fungibles Tokens - NFT). Para sus desarrolladores, será efectiva y segura la conexión y comunicación entre los participantes. Este proyecto incluye inteligencia artificial.

Los desarrolladores de la Blockchain Solana (SOL), se encuentran en fase inicial, recuerda que el MainNet de Solana (SOL) está aún en modo beta, es decir en proceso inicial. Muchos de los proyectos antes mencionados aparecieron durante el segundo semestre del año 2021, con lo que, son muchos los proyectos que se sumarán. Aunque muchos parecen bastante triviales, nada relevantes; otros aparentan ser realmente interesantes. Sobre la marcha iremos viendo cómo se maneja y se completa la incursión de nuevos proyectos y propuestas de "Tokens No Fungibles" (Non Fungibles Tokens - NFT), basados en Solana (SOL).

El futuro de Solana (Roadmap)

Desde el año 2017 Anatoly Yakovenko comenzó a desarrollar lo que hasta hoy lleva por nombre Solana (SOL). Desde el mes de marzo del año 2020, la plataforma se encuentra operando en el formato Beta de su MainNet. Un aspecto de extrema importancia para todos, es que Solana (SOL) no posee, ni tiene un RoadMap, carece de este valioso recurso, y es obvio que por consiguiente no sepamos, ni dispongamos de una información precisa que nos señale, hasta cuándo Solana (SOL) continuará en formato Beta, es decir; hasta que día funcionará desde el MainNet. Por el momento, y dada la situación de no manejar estos pequeños detalles; nos mantendremos conformes con los datos e información que continuemos recibiendo desde su plataforma y canales comunicativos.

Mediante una nota de prensa que fue publicada el pasado mes de junio, el CEO de Solana (SOL), Anatoly Yakovenko, hizo saber que "el siguiente paso es la incorporación de mil millones de usuarios". Yakovenko, a manera de vocero y al mejor estilo de RoadMap, anunciaba lo que sería la próxima conquista de Solana (SOL). No hubo más comentarios, ni preguntas; solo la notificación sobre la ambición sanada de querer contar con una comunidad numerosa y que, sin lugar a dudas, disfrutará los grandes beneficios de ser parte de esta Blockchain que se crece día a día en precio, valor, capitalización de mercado, escalabilidad, popularidad y el puesto número 4, como la mejor criptomoneda del mundo.

Mencionando la escalabilidad, es de destacar que la propuesta hecha por solana, que consiste en garantizar la escalabilidad, resulta lo suficientemente interesante y prometedor. La combinación de su protocolo de consenso "Prueba de Historia" (Proof of History - PoH) con la "Prueba de Participación" (Proof of Stake - PoS), ha demostrado resultados sorprendentes de seguridad y potencialidad. Esta condición servirá de atracción para muchos otros proyectos que se muevan por la misma línea, a los fines de también utilizar esta combinación. Sin embargo, es importante tener siempre en cuenta que las altas y bajas en un proyecto criptográfico son parte de su existencia.

Solana (SOL) ha generado un impacto contundente en todo el planeta con su presencia y participación en el mercado y con su novedoso sistema operativo de gestión para su Blockchain o cadena de bloques. La rapidez de Solana (SOL) en sus transacciones es una característica clave que llama la atención y atrae intereses en la red, un aspecto que simplemente gusta en el ecosistema digital.

Toda esta idea sobre una nueva criptomoneda rápida y eficaz, estuvo bien pensado para el año 2017, tres años de diseño, planificación y desarrollo; salía al mercado cripto una nueva alternativa digital financiera que, en menos de dos años de vida activa y comercial, ha puesto de cabeza a terceros.

Ahora bien, sobre el futuro de Solana (SOL), ¿Será solo la rapidez lo que marcará su diferencia? Recordemos que hablamos de una moneda virtual que es prácticamente un fenómeno en la red. De ella, son muchos los proyectos que se sustentan y se genera como un efecto dominó que transmite un mensaje sin palabras, donde solo las acciones y satisfacciones le hacen el trabajo a Solana (SOL). Su presencia cooperativa y transformadora, además de una estructura estable en constante revisión, garantizan un presente estable y constructor, las bases para futuro productivo y de presencia globalizada como Blockchain de avanzada, desarrollo, crecimiento y convicción con miras a mantenerse y superarse.

Con rapidez modo extremo, Solana (SOL), el token que fue creado con el objetivo de sustentar su propia plataforma; de pronto comienza a crecerse, a obtener más valor y tan pronto las circunstancias conspiran a su favor, se convierte en una de las poderosas monedas digitales del mundo, claro está; respetando sus distancias con Ethereum (ETH) y Bitcoin (BTC). Solana (SOL) incrementa su capitalización de mercado y su precio, en lo que muchos consideramos un récord, a pocos meses de su salida.

Es de destacar que Solana (SOL) logró superar monedas como Dogecoin (DOGE), Polkadot (DOT) y Shiba Inu (SHIB), muy velozmente.

Con el mayor de los respetos, hemos presenciado la manera sorprendente de cómo Solana (SOL), al mejor estilo parkour, ha tenido una escalada enorme, pero sí; muy reservada, quizás teniendo algunos secretos muy bien guardados y que quizás, el mismo Yakovenko un día compartirá para el aprendizaje de otros. En estas condiciones, lamentablemente todo vale; desde buenos hasta crueles comentarios, pues en Solana (SOL) aún existe un importante nivel de reserva, lo cual podemos entender, aceptar y comprender.

En un futuro inmediato, el de corto plazo, estamos seguros de que Solana (SOL) mantendrá su estilo, su ritmo y su esquema operativo.

Su comportamiento promete modesto, y tal vez de sana competencia. Desde el punto de vista más tecnológico, continuará su actitud propia como cualquier otra criptomoneda, atendiendo su red descentralizada, vigilante de su complejo sistema de software; algo que la ha distinguido radicalmente del resto de las Blockchains para otras monedas digitales.

Una manera de tener garantizado un futuro estable, es la confianza en su estructura y arquitectura de diseño. A Solana (SOL) se le ha venido conociendo como la moneda que le compite a Ethereum (ETH), y es que por el solo hecho contar con una red que dispone de un sistema de grabación estrictamente organizado y con orden cronológico de eventos que supera a protocolos de consenso y Blockchain como Bitcoin (BTC), la hacen sentirse segura y optimista. Por otro lado, todas y cada una de sus transacciones contiene información temporal pormenorizada, brindando una facilidad única y aprovechamiento óptimo del tiempo en pro a un rendimiento exclusivo ante la creación de una cadena completa de bloques, para lo cual se cuenta con un sistema de multi plexación por fracción del tiempo.

Gracias al uso del algoritmo SHA-256 que fuera creado por Bitcoin (BTC), Yakovenko ha diseñado el famoso "Reloj Criptográfico" que permite reportar con veracidad total, el tiempo exacto en el cual se sucede una transacción o evento en la Blockchain. Se trata de un reloj que evita la emisión de transacciones con información errónea, incluso falsa y en la que no se precisa una intervención de terceros, donde los validadores no dependan de comunicarse entre sí para obtener información cronológica de actividades en la red.

El tiempo es implacable, no se detiene, no va marcha atrás, su recorrido es constante, al igual que la Blockchain, desde donde Solana (SOL), también busca respetar el tiempo, el de sus y sus debidas operaciones, el de sus desarrolladores, el de su equipo de trabajo, el de sus clientes, y en general el de toda la red y diferentes plataformas que hacen vida una estructura económica que beneficia y activa a los diferentes mercados y estilos comerciales y financieros activos.

Solana (SOL) una moneda futurista que, aunque nos tiene en

deuda y pendientes de su Roadmap y sigue funcionando en formato beta desde su MainNet, vislumbra un futuro prometedor, aspirando que mantenga la estabilidad y crecimiento demostrado en menos de dos de existencia, que hasta ahora ha dado mucho de qué hablar y una gran cantidad de detalles para aprender.

8

GENERANDO GANANCIAS PASIVAS CON SOLANA Y OTRAS CRIPTOMONEDAS

Como te habrás dado cuenta a lo largo del desarrollo del libro, actualmente hay varias maneras de generar dinero con las criptomonedas, hay muchas oportunidades. Mientras que hay algunas que son mas riesgosas (y dependen de tu habilidad) como el trading, las plataformas DeFi, etc, hay otras que son mas recomendadas y menos riesgosas, como por ejemplo realizar Hodl (mantener) de una criptomoneda y esperar que su precio suba, si bien este modelo de ganancia es absolutamente pasivo y especulativo, ya que es una estrategia a largo plazo, tenemos otras estrategias que también podrán ayudarte a generar ingresos pasivos, como lo es la estrategia que te voy a presentar a continuación.

Esta estrategia existe hace muchos años, es muy utilizada por los bancos actualmente, aunque en un mayor porcentaje de ganancia, **esta es generar interés con tus activos.**

En el mundo de las criptomonedas ya existe esta modalidad y esta liderada por una de las empresas mas confiables del ambiente: **BlockFi**, la cual esta amparada por el exchange Gemini y personas tan reconocidas en el ambiente como Anthony Pompliano.

BlockFi nos permite transferir nuestros fondos a la plataforma y generar un interés anual que va del 6% (para criptomonedas como Bitcoin) o de casi el 10% con stablecoins (que son criptomonedas que están 1 a 1 con el dólar, como lo son el USDT y USDC por nombrar algunas)

Si te interesa esta modalidad, puedes abrir una cuenta de **BlockFi** en el siguiente enlace y **ganar $250 de Bitcoin gratis:**

Ingresa a BlockFi aquí y gana hasta $250 en Bitcoin

En caso de que estes leyendo este libro en la version impresa puedes escanear el siguiente código QR con tu móvil:

9

LO MAS IMPORTANTE A TENER EN CUENTA CON CARDANO

Para concluir con este libro, quisiera agradecerte por tomarte el tiempo de leerlo, quería aclarar algunas cosas antes de culminar. Muchas personas han probado incursionar en las Criptomonedas, algunos con éxito otros con resultados moderados, pero todos con resultados en fin, lo importante es que tengas en mente que el mercado de las Criptomonedas es un mercado muy manipulado, es por esto que te recomiendo que siempre prestes atención a los indicadores que puedas ver en TradingView, ve las señales que te envía, continua aprendiendo sobre el trading, si es que te interesa puedes dedicarte a ellos, pero si no puedes dedicarte a hacer HODL (el significado de esto dentro de las Criptomonedas está relacionado con comprar monedas cuando hay una baja importante (por ejemplo si Bitcoin está a $58000 y baja a $36500 ahí es donde compras y vas comprando a medida que baja, nunca cuando sube, a esto se le conoce como Dollar Cost Averaging es una estrategia muy usada en el ambiente del trading) y mantener esas criptomonedas por años hasta que estas dupliquen, tripliquen o cuadrupliquen su valor, no es algo poco común en el ambiente, como bien lo han hecho aquellos *early adopters* que compraron Bitcoin cuando valía $0,006 centavos de dólar, hicieron HODL por 14 años y cuando Bitcoin alcanzó su máximo histórico de $20,000 dólares en 2017 y $60,000 en 2021, vendieron todo y se hicieron millonarios. Pero como siempre, escoge el método que más te guste y síguelo bajo tu propio riesgo.

Por ultimo me gustaría saber tus comentarios para seguir nutriendo este libro y poder ayudar a muchas mas personas, para ellos nos ayudarías dejando una review de este libro, con el objetivo de continuar brindando grandes libros a ustedes, mis lectores, a los cuales aprecio mucho.

Sin más, me despido
Sebastian Andres

¿QUIERES SEGUIR PROFUNDIZANDO EN TU CONOCIMIENTO?

Si este libro te resulto muy útil, déjame contarte que este libro forma parte de la colección *"Criptomonedas en Español"* en donde queremos trasmitirte toda la educación e información actual en base a las criptomonedas mas cotizadas y conocidas (los libros se irán actualizando cada año a medida de los avances).

- Volumen 1: Bitcoin en Español
- Volumen 2: Ethereum en Español
- Volumen 3: Dogecoin en Español
- Volumen 4: Cardano ADA en Español
- Volumen 5: Solana en Español

www.ingramcontent.com/pod-product-compliance
Lightning Source LLC
LaVergne TN
LVHW101923220826
846093LV00009B/342
9798201701918